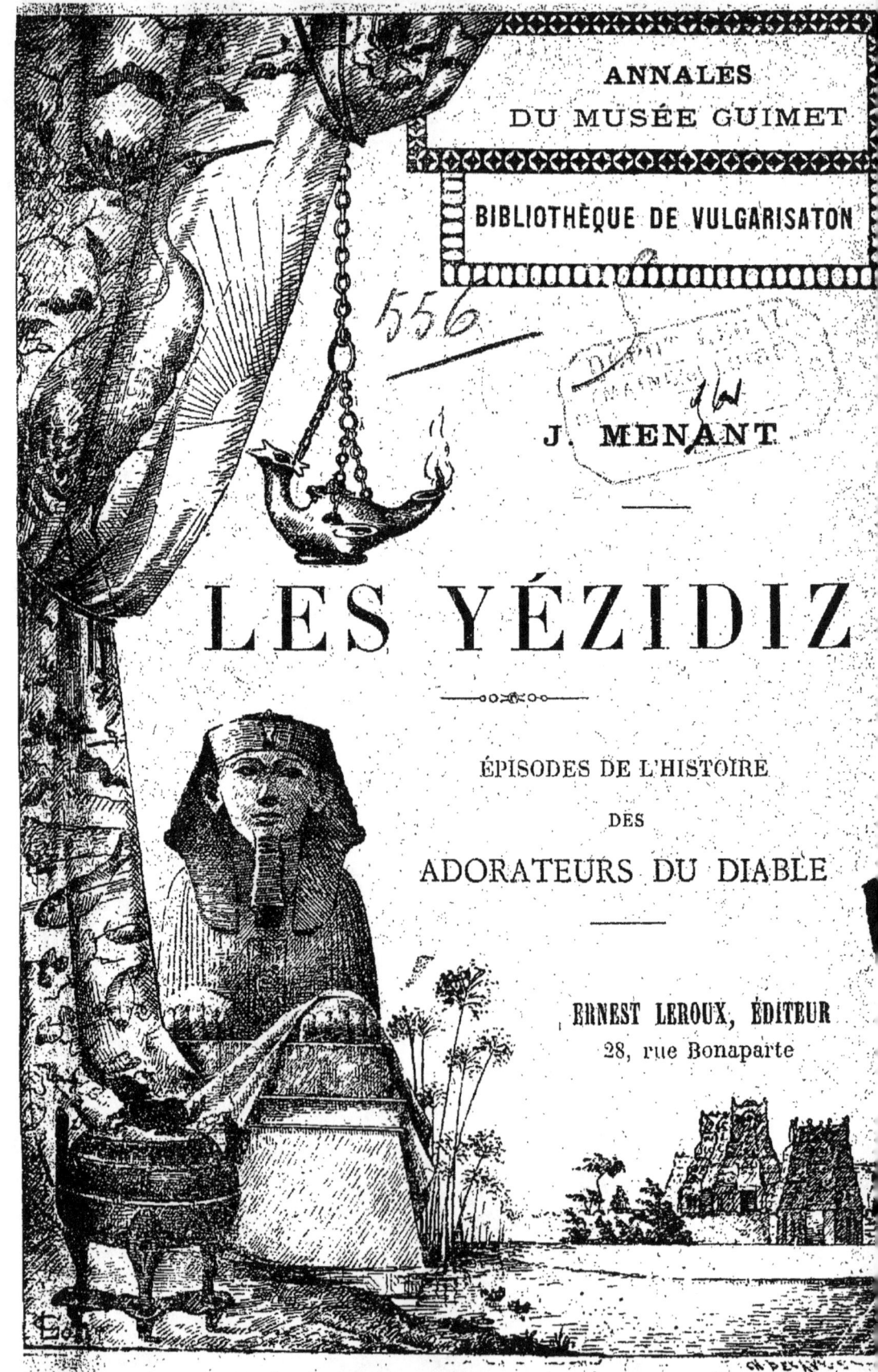

ANNALES DU MUSÉE GUIMET

Bibliothèque de vulgarisation

LES YÉZIDIZ

BAUGÉ (MAINE-ET-LOIRE) IMPRIMERIE DALOUX

LES YÉZIDIZ

ÉPISODES DE L'HISTOIRE

DES

ADORATEURS DU DIABLE

PAR

M. JOACHIM MENANT

MEMBRE DE L'INSTITUT

PARIS

ERNEST LEROUX, ÉDITEUR

28, RUE BONAPARTE, 28

1892

PRÉFACE

Ce livre allait paraître, lorsque de regrettables évènements sont venus lui donner une triste actualité. — Des renseignements transmis de Mossoul m'informent, en effet, que les mauvais jours sont revenus pour les Yézidiz.

Depuis quelques mois, un général de division d'une intégrité reconnue, Omar Pacha, a été envoyé par le Sultan avec pleins pouvoirs pour réformer certains abus qui s'étaient produits dans la province de Mossoul. Ce général s'est acquitté de sa mission avec une énergie sans précédents, et l'on est heureux de reconnaître que sa sévérité n'a frappé tout d'abord que des coupables ; mais, à propos d'impôts arriérés, comme cela arrive souvent en Turquie, Omar Pacha a fait attaquer les Yézidiz, dont la misère aurait pu servir d'excuse et les garantir contre les mesures rigoureuses auxquelles ils sont en butte. Leur faiblesse numérique les livrait sans défense possible : la soumission à merci en a été bientôt la conséquence. Plusieurs chefs, des plus influents, acceptèrent des pensions et des titres qui leur furent offerts sous la condition de devenir musulmans, et ils promirent probablement de réunir leurs efforts pour obtenir la conversion de tous les Yézidiz.

Omar Pacha, enchanté de son succès et croyant à tort que les chefs seraient suivis sans murmures, s'était malheureusement empressé de télégraphier cette nouvelle au Sultan ; mais il n'a pas tardé à s'apercevoir que les Yézidiz ignorants et inoffensifs, malgré leur pauvreté, ne ratifiaient pas les engagements de leurs chefs et tenaient toujours à leur religion. Il n'osa pas annoncer franchement cette situation au Sultan, qui l'eût sans doute comprise, et il envoya son fils dans le

Sindjar pour contraindre, *par tous les moyens possibles*, les Yézidiz à se faire Musulmans. Des excès ont été commis ; le sang a coulé, et déjà plusieurs Yézidiz sont morts des suites des mauvais traitements dont ils ont été victimes....

Quelle sera la conséquence de ces mesures rigoureuses ? — Ce que nous savons de l'attachement aveugle des Yézidiz à leur culte peut le faire prévoir : la population tout entière sera bientôt exterminée !

Lorsque j'ai entrepris la publication de ce petit volume, je n'étais préoccupé que d'une question historique ; car les douloureux épisodes de l'histoire des Yézidiz, racontés par Sir H. Layard dans les volumes qui renferment le récit de ses fouilles, m'apparaissaient dans un passé déjà si lointain que je les confondais presque avec ceux des guerres dont je lisais la sanglante histoire sur les marbres des palais assyriens. Je me demandais si la guerre et les massacres n'avaient pas été jadis des fléaux endémiques dans ces contrées ?... Je croyais l'ère des persécutions fermée pour toujours.

Les circonstances donnent donc à ces pages un intérêt tout particulier ; on signale des faits que la raison réprouve et que la civilisation déplore. L'Angleterre a compris la première, il y a bientôt un demi-siècle, que cette population malheureuse ne pouvait impunément disparaître, et ses revendications en sa faveur ont été écoutées.

Les violences vont-elles recommencer ? — Il ne peut plus s'agir d'impôts arriérés, mais d'une question d'un ordre plus élevé. Le Sultan est trop éclairé, trop pénétré des principes de la civilisation moderne pour permettre qu'on obtienne, en son nom, des abjurations forcées et qu'on poursuive une propagande religieuse par le glaive ! — Nous serions heureux si notre voix, aujourd'hui isolée, pouvait provoquer chez son Commissaire de salutaires réflexions et parvenir jusqu'à sa Majesté Impériale.

J. MENANT

Paris, 15 Novembre 1892.

LES YÉZIDIZ

1

Introduction

Le pays sur lequel nous allons porter nos regards fut jadis le berceau du Grand-Empire d'Assyrie ; borné au Sud par le Zab, il s'étendait au Nord un peu au-delà des versants du Djebel-Makloub jusqu'à Shérif-Khan, et était limité à l'Ouest par le cours du Tigre. Environ 1,200 ans avant notre ère, des princes assyriens avaient déjà franchi ces limites et guerroyaient au Nord dans les montagnes de l'Arménie, et à l'Ouest dans celles du Sindjar. Peu à peu la puissance assyrienne s'étendit du Golfe-Persique au Pont-Euxin, ayant sous sa dépendance l'Egypte et les îles de la Méditerranée. — Ce grand empire a disparu depuis longtemps ; l'Assyrie est rentrée dans les limites de son berceau. D'abord soumise à la Chaldée, elle devint ensuite une satrapie des vastes possessions de Darius. Après les Perses, elle vit passer les Grecs, les Parthes, les Romains, les Arabes, et maintenant elle fait partie de la Turquie d'Asie. Ce n'est plus qu'une province du Kurdistan qui dépend lui-même de trois Pachaliks, ceux de Mossoul, de Bagdad et de Scheherzor. La population de ces contrées ne semble présenter aujourd'hui que deux grandes divisions : les Musulmans et les Infidèles ; mais bientôt on distingue parmi ces derniers des Chrétiens nestoriens, des Catholiques d'Arménie, de Syrie, de Chaldée, des Arméniens non unis, des Jacobites, des Juifs, enfin des Yézidiz, sans compter les dissidents de ces sectes et les prosélytes des différentes églises chrétiennes de l'Occident et surtout de l'Amérique.

Après la chute des vieux empires dont on avait oublié l'histoire, les populations des provinces démembrées ont vécu longtemps dans un état d'indépendance relative ; ce qui a permis à toutes les doctrines, à toutes les sectes, à tous les schismes, à toutes les religions de s'y développer, de s'y perpétuer et d'y jeter de profondes racines.

A mesure que ces sectes grandirent, elles voulurent s'étendre de plus en plus ; de là des luttes d'influence, des guerres de religion que le fanatisme intéressé fait naître, entretient et pousse à tous les excès, jusqu'à ce que les vainqueurs, gorgés de pillage, fatigués de meurtre, s'accordent enfin un moment de repos.

Le Sultan intervient quelquefois pour imposer la

paix ; mais son influence est rarement directe et toujours éphémère. L'oppression vient du nombre ; or les Kurdes sont les plus nombreux et sont musulmans ; aussi, au milieu de ces luttes de tribus à tribus, le pays n'est pas toujours sûr, et ce n'est souvent qu'avec l'appui d'une bonne escorte qu'on peut le parcourir.

Les habitants périodiquement décimés, non seulement par les guerres, mais aussi par la fièvre et les épidémies, sont poussés à l'intolérance par le fanatisme, à la révolte par l'oppression, aux représailles par l'excès des souffrances, au meurtre et au pillage par la misère. Malheur alors aux voyageurs qui s'avancent dans ces contrées ! Ils ont tout à craindre des tribus qu'ils vont rencontrer ; s'ils échappent aux Bédouins du désert, ils retrouveront les Kurdes, dont l'impuissance du Sultan semble autoriser les violences, et, parmi les Kurdes, les Yézidiz, c'est-à-dire les ADORATEURS DU DIABLE ! ! !

Le Diable ! Satan a eu son règne dans notre Occident ; son nom a fait trembler nos pères pendant tout le Moyen-âge ; il n'est pas sûr qu'il n'exerce encore son prestige néfaste sur l'esprit naïf des populations de nos campagnes et qu'il ne reçoive, en quelque lieu solitaire, un culte secret pour conjurer son pouvoir. En Orient, il a aujourd'hui ses temples, ses autels, ses prêtres, ses fidèles ! — Quels peuvent être ces affreux adorateurs ?

On connaît l'origine des autres sectes dissidentes. Chacune a son passé et son histoire ; on sait au nom de quel principe elle vit et s'agite, combat et meurt ; on sait quel est le dogme auquel elle a foi et qu'elle veut faire triompher ; mais les Yézidiz d'où viennent-ils ? quelle est leur origine ? quel est leur avenir ? quel est leur dogme ? quelles sont surtout les cérémonies du culte qu'ils rendent à cette puissance infernale qu'ils vénèrent, et dont ils n'osent prononcer le nom ? Veulent-ils, comme les autres sectes, faire partager leur abominable doctrine et l'imposer par la prédication et les armes ? — Pour répondre à ces questions, l'esprit humain rêve un abîme de monstruosités et d'horreurs, et comme les Yézidiz sont faibles, haïs et repoussés, on les voue tout d'abord à l'éxécration !

C'est précisément cette secte maudite que je me propose de faire connaître ; mais je me hâte de le dire, l'histoire des Yézidiz ne répond pas à la terreur que le nom de leur divinité répand autour d'eux.

Ces êtres ont été malheureux au-delà de toute expression ; ils ont enduré toutes les souffrances et subi toutes les persécutions, martyrs inconscients d'une religion qu'ils ne comprennent pas, qu'ils ne songent pas à répandre et pour laquelle cependant ils donnent leur sang et leur vie, sans souvenir du passé, sans espoir d'un meilleur avenir !

Quelquefois on rencontre loin des villes et des hameaux, dans un pays délaissé et longtemps stérile, des plantes qui n'ont pas leurs similaires dans les lieux cultivés, germes longtemps engourdis d'une flore disparue, qui apparaissent comme s'ils ne sortaient de la terre que pour témoigner de leur existence sur le sol primitif !

L'espèce humaine suit la même loi. Rien ne meurt sur la terre où tout change. C'est en vain qu'au nom de Mahomet, les Turcs ont soumis les Arabes et les Kurdes. Les Nestoriens et les sectes qui se sont formées en Orient ont protesté en faveur de la liberté de conscience contre les invasions de leurs adversaires. Quelques unes ont fini par courber la tête ; mais, dans les montagnes du Sindjar et du Kurdistan, les Yézidiz, la secte la plus ignorante et la plus opprimée, sont restés comme les rejetons d'une famille oubliée, pour prouver, sans doute, ce qu'il y a de vitalité dans les races humaines abandonnées à elles-mêmes.

II

Sources bibliographiques

Je ne puis parler par moi-même du Kurdistan ni des populations modernes qui l'habitent. Je ne les connais que d'après les récits des voyageurs ; ceux qui se sont occupés des Yézidiz sont peu nombreux, et, en les consultant, il y a encore un choix à faire. Il faut distinguer entre les faits qu'ils rapportent, et les appréciations auxquels ils se livrent d'après des légendes dont ils n'ont pas été à même de contrôler la valeur. Cependant je n'exclurai point ces renseignements, et je mentionnerai tout ce qui pourra servir à nous éclairer sur le caractère des populations que nous allons trouver en présence.

Sans remonter aux vieilles traditions qui nous ont transmis le nom des Yézidiz, l'écrivain qui paraît avoir un des premiers donné des renseignements précis sur leur secte, c'est Michel Febvre ; il leur a consacré plusieurs chapitres dans son livre intitulé

Théâtre de la Turquie publié à Paris en 1682. — Le Dr Hyde, dans l'appendice de son traité *De Religione Veterum Persarum* qui date de 1760, ne fait que rapporter de longs extraits de l'ouvrage de Febvre, en y ajoutant quelques passages tirés sans beaucoup de discernement du voyage du Père Chinon. — Niebuhr, vers 1765, en faisant le récit de son voyage de Bagdad à Mossoul, s'est fort étendu sur les Yézidiz, et donne, avec cette circonspection qui le caractérise, des détails intéressants sur leur situation[1]. — Olivier parle surtout des Yézidiz du Sindjar.[2].

Plus tard, le Père Maurice Garzoni, de l'ordre des Frères Prêcheurs, recueillit à leur sujet de nombreux renseignements qu'il communiqua, en 1781, à l'abbé Sestini ; celui-ci les publia dans un recueil d'opuscules italiens imprimés à Berlin, en 1807, sous ce titre : *Viaggi e Opuscoli diversi di Domenico Sestini*. Ces opuscules ont été traduits en français par S. de S. (Sylvestre de Sacy) qui les publia en 1809, à la suite d'une brochure intitulée : *Description du Pachalik de Bagdad* par M*** (Rousseau), dont il se fit l'éditeur.

Les voyageurs d'une époque plus récente et les missionnaires modernes qui ont parcouru le Kurdistan n'ont point passé cette secte sous silence ; malheureusement, la plupart d'entre eux n'ont fait que répéter tout ce que leurs prédécesseurs avaient déjà dit, et ne paraissent pas avoir cherché à en

---

1. Voir Niebuhr, *Voyage en Arabie* etc. Trad. franç. 1776.
2. Voir Olivier, *Voyage dans l'Empire Othoman*. T. 2. p. 342-355.

étudier d'une manière sérieuse les mœurs, la doctrine et la condition qui lui est faite au milieu des populations parmi lesquelles elle est mêlée ; ils se sont contentés de renseignements vagues et des légendes les plus accréditées dans le pays.

C'est, en effet, très récemment que les Européens ont pu pénétrer dans le Kurdistan. Ce pays, tant par sa position inaccessible au milieu des montagnes que par les fièvres endémiques qui le désolent et la crainte traditionnelle inspirée par les brigandages des Kurdes, offrait peu de sécurité et d'intérêt. Cependant Rich avait donné sur les Yézidiz quelques renseignements curieux [1] ; mais il n'avait point réussi à appeler l'attention sur eux. Ce n'est qu'au moment où les massacres des Chrétiens du Kurdistan ont commencé à avoir un certain retentissement en Europe, que les Etats de l'Occident intervinrent auprès du gouvernement de la Turquie pour apporter un remède à cet état de chose déplorable. Les Yézidiz englobés dans la persécution générale des Kurdes profitèrent de cette intervention, et furent ainsi délivrés de la tyrannie directe de leurs éternels ennemis.

Beder Khan Bey, le chef des Kurdes de Roandooz, homme sanguinaire, plein d'astuce et d'une grande ambition, cherchant dans un but religieux et surtout politique à étendre son influence sur tout le Kurdistan, déclara la Guerre Sainte et lança toute la

---

1. Voir Rich, *Notes on Koordistan*, London, 1836.

population musulmane qu'il avait sous ses ordres contre les sectes dissidentes, apportant comme instruments de propagande la guerre avec toutes ses horreurs, les massacres, l'incendie, le pillage et la ruine. A la suite des excès de tout genre auxquels il se livra, lorsque la puissance même du Sultan fut menacée, le Gouvernement de la Porte intervint. Béder Khan Bey, vaincu par les forces combinées du Sultan alliées aux Nestoriens et aux Yézidiz, tomba entre les mains des Turcs.

J'ai relu dans les ouvrages de sir Henry Layard [1] le récit des forfaits dont Béder Khan s'est rendu coupable, la longue liste des massacres dont les Chrétiens et les Yézidiz ont été victimes, et j'ai applaudi à l'intervention de la Porte qui paraissait leur assurer aide et protection.

J'ai voulu me renseigner sur leur état actuel, en consultant les publications les plus récentes, émanant des hommes qui m'ont paru les mieux placés pour m'éclairer.

Parmi les documents de cette sorte, mon attention a été particulièrement attirée sur un article de M. Minassé Tchéraz [2], professeur d'Arménien à Londres (King's College). Après quelques considérations générales sur les Yézidiz, M. Minassé Tchéraz donne la traduction d'un mémoire publié à Smyrne par M. Guiragos Cazand-

---

[1]. Voir Layard, *Nineveh and its Remains*. London, 1850. — Et Id. *Nineveh and Babylon*, London, 1853.

[2]. Voir Minassé Tcheraz, *Les Yézidiz étudiés par un explorateur arménien*, dans le *Muséon*. T. X. n° 2. Louvain, 1891.

jian, ancien membre du Parlement ottoman. M. Minassé Tchéraz avertit d'abord que M. Cazandjian parle la langue des Yézidiz et doit les connaître mieux que les voyageurs anglais qui les ont visités. Il ne cite, il est vrai, parmi ces nombreux voyageurs qu'Ainsworth qui n'est, d'après lui, qu'un *touriste* ; les autres semblent lui être parfaitement inconnus. M. Minassé Tchéraz indique encore des articles parus dans le *Vischak* (le Laboureur) de Tiflis et l'*Arménia* de Marseilles, comme ayant donné sur les Yézidiz des détails pleins d'intérêt, même, dit-il, après M. Chantre dans son volume de *Beyrouth à Tiflis*.

M. Chantre, en effet, a publié, dans la relation de son voyage, des renseignements assez précis sur la situation actuelle des Yézidiz [1], et nous les consulterons avec fruit ; mais le but particulier de M. Chantre n'était pas d'étudier cette tribu. Il n'a pas séjourné longtemps au milieu d'elle, et n'a pu recueillir sur son compte que ce que tout voyageur apprend en traversant la contrée; aussi M. Minassé Tchéraz regarde M. Cazandjian comme l'auteur du travail le plus complet à cet égard, et traduit son mémoire auquel nous aurons occasion de renvoyer, surpris peut-être du peu de lumières qu'il nous apportera.

Ainsworth, dont M. Minassé Tchéraz dédaigne les renseignements, a droit à plus d'attention de la part d'un chercheur qui veut s'éclairer sans parti

---

1. Voir Ernest Chantre, *De Beyrouth à Tiflis*. Extrait du *Tour du Monde*, 1889.

pris. Envoyé par les protestants d'Angleterre pour chercher à ramener à la foi les populations dissidentes de l'Orient, il avait une mission spéciale auprès des églises nestoriennes ; mais la cause des Yézidiz étant unie à celle des Nestoriens, ils ne pouvaient passer inaperçus pour lui [1]. Il consacre dans son ouvrage un chapitre tout entier aux Yézidiz du Sindjar et s'étend sur les cérémonies de leur culte, en renvoyant à Garzoni, à Rousseau, à Buckingham et aux autres voyageurs qui l'on précédé. Ainsworth, en 1840, adressa à Londres un rapport daté de Mossoul sur l'état des diverses populations qui avaient à souffrir de la persécution des Kurdes ; et, sur ce rapport, une nouvelle mission fut décidée. M. Badger fut envoyé à son tour pour renseigner l'Eglise d'Angleterre sur les mesures à prendre. La condition des Yézidiz, leurs mœurs, leur culte occupent la première partie de son mémoire [2].

La mission d'Ainsworth ainsi que celle de M. Badger était toute spirituelle. Ce dernier partit accompagné de M. Fletcher, son secrétaire, muni des lettres de l'Archevêque de Cantorbéry pour l'accréditer auprès de Mar-Shimoun, le Patriarche des Chrétiens d'Orient, et pour tenter un rapprochement entre les deux églises, en essayant de rappeler les Nestoriens à l'orthodoxie de la saine doctrine. — C'est au cours de ces recherches que ces missionnaires se sont occupés des

---

1. Voir Ainsworth, *Travels and Researches in Asia Minor*. Ch. XXXI, London, 1898.
2. Voir Badger, *The Nestorians and their Rituals*. T. I. London, 1852.

Yézidiz qu'ils voulaient également ramener à la religion chrétienne.

M. Ainsworth, M. Badger et son secrétaire M. Fletcher[1] ont donc vécu au milieu des populations du Kurdistan ; ils parlaient comme M. Cazandjian, ancien membre du Parlement ottoman, la langue des Kurdes et des Yézidiz. Ils ont assisté en partie aux évènements les plus terribles de la persécution, et, si certains leur reprochent l'intérêt que la population nestorienne leur inspirait, ils ont parlé des Yézidiz avec une impartialité qui pourrait aller jusqu'à l'indifférence. Ce n'est point qu'ils n'aient cherché à leur venir en aide autrement que par des consolations spirituelles ; ils avaient pris ces malheureux deshérités en affection, et auraient bien voulu pouvoir leur apporter un secours efficace dans leurs infortunes. S'ils n'ont pas atteint leur but, c'est qu'ils ont trouvé un obstacle invincible dans l'attachement des Yézidiz à leur culte et dans la profonde ignorance à laquelle rien ne saurait les arracher.

J'ai surtout puisé mes renseignements chez un auteur dont on ne peut suspecter la haute compétence. Sir Henry Layard ne poursuivait pas un but religieux ; lorsqu'il fut appelé en Assyrie pour y pratiquer les fouilles qui ont immortalisés son nom, il visita les Yézidiz à deux reprises différentes. — La première fois, ils venaient de subir la persécution des Kurdes ; il y avait une trêve apparente. Cependant les préparatifs

---

1. Voir Fletcher, *Notes from Nineveh*, London, 1850.

de guerre étaient annoncés, l'attaque de certains districts épargnés était imminente ; elle ne tarda pas à avoir lieu. Ce furent ces dernières atrocités qui décidèrent l'intervention de la Porte. — La seconde fois, le pouvoir des Kurdes était anéanti ; le pays était placé sous le Protectorat de la Porte, et les Yézidiz, grâce à lui, entrevoyaient l'aurore d'un jour meilleur. Sir Henry Layard a donc vécu longtemps au milieu d'eux ; il a pu étudier leurs mœurs et leurs idées religieuses ; il a même assisté aux cérémonies de leur culte, et les Yézidiz se sont ouverts à lui avec le sentiment d'une profonde reconnaissance. — Qu'on ne vienne donc pas prétendre aujourd'hui qu'ils ont joué une vaine comédie, qu'ils l'ont rendu victime d'une illusion, qu'ils ne l'ont admis dans le sanctuaire que pour le faire assister à une fantasmagorie ridicule ! Nous relaterons les faits, et le lecteur appréciera.

Depuis cette époque, le sort des Yézidiz est-t-il bien différent [1] ? Le Major Fred. Millingen, qui les a visités en 1868, prétend que le firman dont ils devaient bénéficier n'a jamais été exécuté [2]. Si les massacres ont cessé, leur condition ne semble pas, en effet, s'être améliorée, et aujourd'hui ils sont tels qu'ils étaient autrefois ; ils n'ont peut-être fait que changer d'oppresseurs. Voilà pourquoi les voyageurs

---

[1]. Voir Siouffi, *Notice sur la secte des Yézidiz*, dans le *Journal Asiatique*, VIIe série, T. XX, p. 252-258. 1882. — Et VIIIe série, T. V, p. 78-98, 1885.

[2]. Voir F. Millingen, *Wild Life among the Kurds*, London, 1870.

modernes, dans les récits desquels on s'attendrait à trouver quelques renseignements nouveaux, ne peuvent que répéter, avec des variantes nouvelles, les vieilles fables qu'on débite sur leur mystérieuse existence, et dans lesquelles se complaît l'imagination orientale.

III

Le Kurdistan

Les Yézidiz, quoique relativement peu nombreux, sont répandus sur une grande étendue de pays. Leurs tribus sont disséminées dans tout le Kurdistan, le Diarbekir, et même dans la province russe d'Erivan [1]; elles sont surtout cantonnées dans les districts situés au sud du lac de Van jusqu'à Mossoul. Il y en a en Perse et dans la Trans-Caucasie, près des rives du Goktcha. Quelques-unes se sont réfugiées en Géorgie, pour éviter les persécutions des Kurdes. Enfin, d'après Ritter, une de leurs colonies se serait même avancée jusqu'à Constantinople. — Leurs principales résidences sont agglomérées dans le Sindjar chaîne de montagnes qui s'élève à l'Ouest de Mossoul, au milieu du désert. Des sommets les plus élevés, on découvre d'un côté de vastes plaines qui s'étendent

---

1. Voir Eguiazaroff, *Essai sur les Kurdes et les Yézidiz du Gouvernement d'Erivan*. Kasan, 1888.

jusqu'à l'Euphrate, et de l'autre des pâturages bornés par les verdoyantes collines du Kurdistan. On aperçoit à l'horizon Nisibin et Mardin, ainsi que les vallées de Baadri et de Sheikh-Adi, enfin, aux derniers plans, les pics couverts de neige du Bohtan et du Tiyari.

La résidence du gouverneur du Sindjar est située dans un village bâti sur les ruines d'une vieille cité, le *Singara* des anciens, le *Belled-Sindjar* des Arabes. C'est un petit fort de construction récente qui s'élève sur une colline, au milieu de restes de murailles ; la ville ancienne occupait la plaine au-dessous. Autour du fort, lors de la visite de sir H. Layard, en 1845, il y avait environ deux cents familles. Les Yézidiz sont en majorité dans ce district et sont mêlés à la population musulmane. Il est souvent assez difficile de les distinguer autrement que par leur aversion réciproque. Dans les autres parties du Kurdistan où les Yézidiz sont en minorité, la division est plus tranchée.

Le Kurdistan s'étend au centre de la Turquie d'Asie, à l'Est du Tigre, au Sud des lacs d'Ourmia et de Van, entre l'Arménie au Nord, l'Al-Djéziréh à l'Ouest, l'Irak-Arabi au Sud et la Perse à l'Est. Il forme aujourd'hui une province de l'Empire de Turquie et comprend les Pachaliks de Mossoul, de Scheherzor et une partie de ceux de Bagdad et de Van. C'est un pays fort accidenté, couvert de hautes montagnes, sombres repaires des fauves. La neige ne reste pas toujours sur ces pics abruptes qui s'élèvent comme un mur, et où le chasseur intrépide poursuit souvent le chamois. En traversant les plus hauts défilés, on jouit d'un panorama splendide. Au Nord, à une distance de plus de cent cinquante kilomètres, on aperçoit l'Ararat, couvert de neiges éternelles, dominant le groupe des montagnes du district de Jélu [1]. Au Sud, on découvre l'immensité du désert qui s'étend comme une vaste mer au-delà de Mossoul. De nombreux ruisseaux coulent çà et là, arrosent les vallées, se réunissent à la fonte des neiges et forment des torrents qui rendent impraticables les chemins des montagnes. C'est dans le district de Mukus que se trouve la source principale de la branche orientale du Tigre.

Les habitants du Kurdistan appartiennent à plusieurs tribus différentes, séparés beaucoup plus peut-être par leurs croyances religieuses que par leur origine. Cependant on peut y reconnaître immédiatement deux grandes divisions : — les uns sont sédentaires ; — les autres sont nomades.

La population sédentaire occupe naturellement les villes et les villages. Mossoul, la ville la plus considérable de ces contrées, est chef-lieu du Pachalik auquel elle a donné son nom ; elle a remplacé Ninive et s'étend sur la rive droite du fleuve, où s'élevait un des faubourgs de l'antique cité. — Un pont de bateaux communique à l'autre rive où l'on aperçoit deux collines qui portent les noms de Koyoundjik et de Nebbi-Yunus ; sur l'une d'elles s'élèvent quelques chétives cabanes, une mosquée et des tombeaux musulmans.

---

[1]. Les montagnes du Jélu sont considérées comme les plus hautes du massif, et atteignent jusqu'à plus de 3000 mètres.

C'est dans ces collines, dont on a fouillé les profondeurs, qu'on a découvert les restes des palais des anciens rois de l'Assyrie, avec leur splendide décoration, leur bibliothèque et tous les documents relatifs aux arts et aux sciences de cette époque reculée.

L'histoire de Mossoul n'est pas très ancienne. Cependant, d'après Abulfaradj, cette ville existait déjà au Xe siècle. Elle doit son importance actuelle au grand prince des Seldjouks, Maleck-Shah, qui en fit la base de ses opérations contre Bagdad, alors soumise aux Abbassides. — Elle fut saccagée par Saladin au XIIIe siècle, et détruite par l'invasion des Mongols. — Plus tard elle eut à subir les attaques de Houlaghou Khan ; elle fut prise, pillée et incendiée. — Relevée de ses ruines, elle passa sous le joug des empereurs de Constantinople. — Au XVIIe siècle, ce fut le tour des Iraniens qui, à deux reprises, l'attaquèrent en vain. Grâce à la bravoure de ses habitants, Nadir-Shah fut obligé de lever le siège avant de l'avoir réduite.

Mossoul a perdu peu à peu de son importance ; cependant on y fabrique toujours de riches étoffes, des cotonnades imprimées, des tapis et surtout cette merveilleuse mousseline à laquelle elle a donné son nom. On compte à Mossoul environ 70,000 habitants comprenant 15,000 chrétiens de différentes communions : des catholiques d'Arménie, de Syrie, de Chaldée, des Arméniens non unis, des Nestoriens, des Jacobites, enfin des Juifs et des Yézidiz.

En dehors de Mossoul, construite avec les éléments

d'une grande cité, on trouve, au Nord, dans le Kurdistan, quelques châteaux-forts et des maisons plus ou moins solidement bâties, autour desquels se groupent des villages compacts ou disséminés dans les vallées.

Depuis Mossoul jusqu'au lac de Van, on ne rencontre plus de villes importantes. Si l'on excepte Amadia, Djulamérik et Djezireh, les autres chef-lieux de district sont à peine de gros bourgs. La plupart ne sont que de misérables bourgades sans commerce extérieur ; les habitants consomment sur place les produits de leurs troupeaux ou de la culture des terres.

Pour nous initier aux mœurs des populations que nous allons rencontrer, il n'est pas sans intérêt de connaître leurs demeures. Les maisons sont construites sur un plan uniforme ; dans le district de Mukus, elles sont formées par un mur circulaire de quatre ou cinq pieds de haut sur lequel on étend une grossière étoffe de poil de chèvre en guise de toiture. Comme les nuits sont froides, on creuse au centre de la hutte une fosse dans laquelle toute la famille se couche pour se réchauffer, quand elle n'est pas appelée au dehors par les besoins de sa modeste exploitation

Dans le district d'Ashéta comme dans celui de Tiyari, les habitations ne sont pas réunies en groupe ; elles sont éparses dans la vallée. Chaque maison s'élève au centre d'un enclos dont le sol appartient aux propriétaires, de sorte que les villages occupent une certaine étendue. Ces demeures sont simples et construites de manière à présenter un certain confort pour l'hiver et l'été. La partie inférieure est en pierre et contient deux ou trois chambres habitées par la famille et les troupeaux pendant les mois froids. La lumière vient par la porte et par de petites ouvertures pratiquées dans le mur et dépourvues de fenêtres, le verre étant un luxe inconnu dans le Kurdistan. Le froid est grand en hiver, et les habitants sont souvent ensevelis sous la neige pendant plusieurs jours. L'étage supérieur est construit moitié en pierre, moitié en bois ; tout le côté faisant face au Sud reste ouvert ; d'énormes poutres appuyées sur des piliers de bois et sur les murs soutiennent le toit. C'est l'habitation d'été où tous les membres de la famille résident ; pendant les mois d'août et de juillet, ils dorment sur la terrasse, à l'abri d'un amas de branches d'arbres et d'herbes sèches soutenu par de hautes perches ; et c'est ainsi qu'ils se préservent de la vermine qui envahit les chambres inférieures. Quelquefois ils construisent ces étages dans les branches des arbres d'alentour ; les provisions d'hiver, le foin et la paille pour les troupeaux, sont remisées près de l'habitation ou entassées sur le toit.

Les maisons des Yézidiz ne se distinguent guère des autres que par une extrême propreté. Sir H. Layard nous donne ainsi la description de la principale maison de Boukra qui lui fut préparée, lorsqu'il visita le Sindjar[1]. Cette maison était assez curieuse ; elle se com-

---

1. Voir Layard, *Nineveh and Babylon*, p. 252.

UNE VALLÉE DANS LE KURDISTAN

posait de trois chambres ouvrant l'une dans l'autre, séparées par un mur de six pieds de haut sur lequel étaient placées des poutres supportant le plafond. Le toit était soutenu par des troncs d'arbres appuyés sur des socles en pierres disposés à des intervalles irréguliers au centre de la chambre restée ouverte d'un côté, comme un *Iwan* persan. Les parois de la chambre avaient l'aspect de rayons de miel présentant des rangées de petits réduits soigneusement ménagés dans le mur enduit de plâtre blanc, ornementé avec des raies rouges tracées çà et là, ce qui donnait une apparence très originale. Toutes les maisons du village étaient construites sur le même plan, avec de légères différences dans la décoration.

La population nomade qu'on désigne sous le nom de *Kochers* a quelquefois une résidence fixe, mais le plus souvent elle roule comme les Bédouins, de place en place, à la recherche d'un pâturage[1]. Quelques unes de ces tribus cultivent la terre ; la plus grande partie se procure ce dont elle a besoin par l'échange, avec les habitants des villes ou des villages, des produits de leurs troupeaux, tels que la laine, le lait, le beurre, le fromage. Les Kochers sont assez nombreux dans la partie Nord de la Mésopotamie. On en trouve également sur les rives du Ghazir et du Gomel, à l'Est de Mossoul. Beaucoup de ces nomades se retirent dans les montagnes pendant l'hiver et descendent dans la plaine au printemps. Ils semblent

---

1. Voir Badger, *The Nestorians and their Rituals*. T. I. p. 318.

être d'une race distincte, et sont considérés comme tels par les Kurdes des villes et des villages; ils sont divisés en tribus et se font remarquer par certaines particularités qui semblent les rattacher aux antiques sectes des Mages. Une de leurs tribus répandue dans le district de Djézireh est accusée d'adorer un veau et de tenir des assemblées nocturnes dont les initiés ont seuls le secret. Une autre appelée Shabak occupe deux ou trois villages dans les environs de Mossoul et célèbre ses fêtes par des danses semblables à celles des Yézidiz. — On peut citer encore une tribu établie sur les bords du Ghazir, au-delà du Djebel-Makloub, et une autre, dans le voisinage de Nimroud, qui parlent un dialecte particulier que les Kurdes ne comprennent pas.

Toutes ces populations vivent sous des tentes, qui présentent souvent autant de confort relatif que les maisons. Badger nous donne ainsi la description d'une de ces tentes où il a été reçu [1] et qui ressemble du reste à toutes celles des nomades. Elle avait soixante-dix pieds de long sur trente de large, et était faite d'une épaisse étoffe de poil de chèvre, tissée en pièces variant comme largeur de un pied et demi à deux. Cette couverture était supportée par quatre perches perpendiculaires appuyées sur le sol au centre ; une seconde rangée de quatre perches perpendiculaires de six pieds de haut, parallèle à la première, formait la partie antérieure de la tente ; une

---

1. Voir Badger, *The Nestorians and their Rituals*. I. p. 312.

troisième rangée de huit pieds de haut s'appuyant au milieu sur la base, s'élevait diagonalement de terre et complétait la charpente. — Une forte corde partant du sommet des perches du centre les reliait à celles de la première série, et ménageait ainsi un appui de l'autre côté. Ces piliers servaient à soutenir la couverture ; les autres supportaient la tente, dont la solidité était assurée par des pieux disposés en dehors de la manière ordinaire. Les divisions intérieures sont quelquefois indiquées par un mur en pierre ; mais le plus souvent elles sont fermées par des rideaux qui partagent généralement le logis en quatre appartements : l'un pour les hommes, l'autre pour les femmes, le troisième pour les magasins et le quatrième pour le bétail.

Quelle que soit la secte à laquelle elles se rattachent, ces populations nomades ou sédentaires sont plongées dans une misère plus ou moins profonde ; cependant le sol offre des richesses naturelles qui pourraient être utilisées. — La terre est très fertile et produirait en abondance des grains de toute sorte, des vins et des fruits, si elle était cultivée. Les montagnes recèlent des mines d'or, d'argent, de fer, de cuivre et de plomb, des carrières de marbre et de jaspe qui ne demandent qu'à être exploitées. La race chevaline passe pour la meilleure de l'Asie-Occidentale, et la cochenille de l'Ararat est la plus estimée de tout l'Orient.

Les habitants sont, en général, industrieux. Les femmes et les enfants préparent la laine des troupeaux et tissent dans leurs humbles réduits ces lainages si admirés des Européens. — Malgré toutes ces ressources, malgré l'activité des habitants, le voyageur ne voit autour de lui que la misère ! La cause n'en est que trop connue. La perception de l'impôt livre le pauvre cultivateur à la rapacité des collecteurs qui lui laissent à peine le strict nécessaire, prélevant sans contrôle, d'autant que la récolte est plus abondante ou l'industrie plus active, enlevant ainsi au producteur tout intérêt pour son travail.

Enfin cette population troublée par des rivalités de races assez sérieuses pour engendrer de profondes inimitiés, est surtout tourmentée par le fanatisme des dissensions religieuses, dont il convient maintenant de faire connaître la cause et le caractère.

IV

Kurdes. — Musulmans. — Arméniens. Nestoriens.

Les Kurdes forment la population la plus nombreuse du Kurdistan et professent la religion de Mahomet. Ils prétendent descendre des Assyriens ou des Perses, et sont fiers de l'étymologie de leur nom qu'ils rattachent au mot *Qourd* « les forts, les braves ». — Ils sont grands, vigoureux, bien musclés ; les extrémités sont fines ; leur teint est basané. La tête en partie rasée présente quelquefois une difformité artificielle du crâne produite par un appareil spécial de bandelettes dont on entoure le front des enfants [1] ; leurs cheveux sont noirs, tout au plus châtains ; ils portent rarement leur barbe entière, excepté les vieillards. Le nez est généralement crochu ; les yeux sont bruns, jamais bleus et le regard est

---

1. Voir Chantre, *De Beyrouth à Tiflis*, p. 184.

farouche. Duhousset déclare que leur physionomie rappelle celle d'un animal carnassier. Les Tatars font dériver leur nom du mot *Gourd* qui, dans leur langue, signifie « Loup » ; enfin les missionnaires américains les comparent aux Peaux-Rouges.

Les Kurdes, qui se vantent de descendre des Assyriens ou des Perses, sont loin de pouvoir justifier cette origine ; les marbres de Ninive et les bas-reliefs de Persépolis protestent contre cette prétention. Le type caractéristique de leur race, au nez crochu, est celui de l'oiseau de proie, et n'a rien de commun avec le profil sévère des Assyriens ou des Perses ; ils ne resssemblent à ces anciens conquérants que par leur ardeur dans les combats et leur cruauté implacable après la victoire.

Le Kurde recherche les belles étoffes aux couleurs brillantes et bariolées ; sa haute coiffure est quelquefois entourée de châles splendides. Il passe dans sa large ceinture tout un arsenal de pistolets, de couteaux, de yatagans, porte le fusil en bandoulière et s'appuie sur une longue lance décorée de plumes et de rubans.

Les femmes kurdes ne se voilent jamais la figure ; elles ont des formes robustes, des traits d'une régularité sévère, de grands yeux, le nez aquilin, une longue chevelure nattée dont le noir foncé s'harmonise avec la nuance légèrement bistrée de leur peau. Leur costume varie suivant leur condition ; il est souvent des plus riches. Dans certaines tribus, elles se passent un anneau d'or dans les narines ;

UN CHEF KURDE
(d'après Layard, N. B., p. 410).

braves comme les hommes, elles savent prendre les armes avec eux. Elles sont généralement respectées par leurs époux ; toutefois ceux-ci leur imposent les travaux les plus rudes. Ce sont elles qui battent le blé, soignent les chevaux, portent l'eau, cultivent les champs ou tissent les étoffes pour faire des tapis ou des vêtements. Leur condition est des plus pénibles. Aussi la naissance d'un garçon est-elle saluée avec joie dans la famille, tandis que celle d'une fille est une source de tristesse. La vie des femmes est tellement dure que des mères sont souvent portées à laisser périr leurs filles en naissant, pour leur épargner les misères de la vie qu'elles ont endurée !

La langue des Kurdes est considérée comme un idiome persan. Cependant elle a une grammaire spéciale bien définie qui paraît comprendre cinq dialectes ; elle s'écrit avec les caractères arabes. La religion primitive des Kurdes est peu connue. Ils ont adopté de bonne heure les doctrines du Koran et professent la religion d'Ali, avec un mélange de cérémonies particulières. Ils la pratiquent ponctuellement et cherchent à l'imposer avec un fanatisme qui ne recule devant aucun moyen de propagande ; dans les guerres féroces qu'ils font sans cesse aux Infidèles, ils ne savent rien ménager : leurs invasions sont toutes marquées par le meurtre et la destruction.

Aucune tribu ne surpasse celle des Kurdes, quant à l'instinct du pillage et aux moyens de le satisfaire. Le chef, dont le château fort domine la vallée, entretient une bande de voleurs qui parcourent les chemins et lui rapportent le butin. Lorsqu'il s'agit surtout d'assouvir leur haine de race et de religion, ils sont dans leur véritable élément, et se préparent avec joie à ces grandes expéditions de vol, de massacre et de ruine. C'est ainsi qu'ils se sont rendus fameux par la terreur qu'ils inspirent. D'après Pollak, il existerait parmi eux une secte chez laquelle le vol serait sévèrement défendu sur les vivants, mais permis sur les morts[1] ! — On frémit d'horreur sur les conséquences d'une telle doctrine, quand on rencontre un Kurde de cette secte !

Cependant, malgré leur naturel féroce, les Kurdes ont toujours une crainte salutaire des Européens et n'osent les attaquer que lorsque ceux-ci s'aventurent dans les montagnes. Leur bravoure est limitée par la force relative de leurs adversaires : cruels et sans pitié envers les faibles, ils deviennent circonspects quand ils traitent d'égal à égal, humbles et rampants quand ils sont en présence de leurs supérieurs.

Nous trouvons, à côté des Kurdes, un nombre considérable de chrétiens schismatiques divisés entre eux par d'antiques dissensions. Les croyants qui se rattachent aux églises d'Arménie doivent être d'abord mentionnés ici. La religion primitive de l'Arménie était celle des patriarches de la Bible qui, avec le temps s'imprégna de sabéisme, de magisme,

---

1. Voir E. Reclus, *Nouvelle Géographie*. T. IX, p. 884.

et plus tard de rites étrangers introduits par le polythéisme grec.

Le christianisme pénétra de bonne heure dans toutes ces contrées ; il y fut apporté par ceux qui l'avaient puisé à sa source. — D'après une tradition, Abgar, roi Arsacide résidant à Edesse, correspondait avec Jésus-Christ, et l'apôtre Thadès, un des soixante-douze disciples, se rendit dans cette ville et convertit le roi et les principaux habitants au christianisme ; ses successeurs et une grande partie de leurs sujets abandonnèrent bientôt l'Evangile pour retourner aux superstitions de l'idolâtrie. Au IV° siècle, St.-Grégoire les convertit de nouveau au christianisme. Le pape Silvestre Ier l'investit de la dignité de Patriarche, qui resta dans la famille pendant quelque temps, et passa ensuite par élection aux mains de personnages élus sous le nom de *Catholicos*. Les Patriarches de l'Arménie furent représentés aux trois premiers Conciles ; mais lors de leurs guerres contre la Perse, ils ne purent assister au quatrième, dans lequel les doctrines de Nestorius furent condamnées.

De nombreux malentendus soulevèrent depuis lors des divisions et des querelles désastreuses, d'où naquirent des haines profondes entre les schismatiques et ceux qui se rattachèrent à l'Eglise de Rome. — Ces divisions suscitèrent de nos jours de graves incidents à la suite desquels le gouvernement turc consentit à séparer politiquement les deux populations et à donner aux deux schismes un chef indépendant ; de sorte que les églises d'Arménie se trouvent divisées en trois communions : — celles qui sont restées attachées aux usages fondés par St.-Grégoire [1] ; — les catholiques romains — et les protestants dont quelques-uns ont adopté le culte évangélique des missions américaines. La première comprend environ quatre millions de croyants, — les catholiques cinquante mille et les protestants quatre ou cinq mille au plus.

Les Nestoriens qu'on désigne aussi sous le nom de Chaldéens [2] sont très nombreux dans le Kurdistan, particulièrement dans les montagnes au milieu desquelles coule le grand Zab, un des affluents du Tigre. Leur territoire est vaguement borné au Nord-Ouest par le cours méridional du Khabour, au Nord par le pays kurde de Hakkiari, à l'Est par la Perse et au Sud par les vallées où se trouvent les villes d'Amadia et de Rowandooz. Ils vivent en général de l'élevage de leurs troupeaux, exploitent quelques mines de fer et recueillent la noix de galle qu'ils expédient à Mossoul et en Perse. Les voyageurs anglais et américains donnent une idée avantageuse de leurs mœurs et de leur attachement à leur culte.

Ils n'ont pas toujours été réduits à cette condition misérable. Leur rôle a été trop important dans les

---

1. Le Patriarche grégorien réside à Etchmiadzine près de l'emplacement de l'ancienne Vagharchabad, non loin de l'Ararat. — Voir Mme B. Chantre, dans le *Tour du Monde 1891*. *A travers l'Arménie russe*, etc. p. 177.
2. Voir, au sujet de cette dénomination, Layard, *Niniveh and its remains*. I. p. 260, — et Badger, *The Nestorians and their Rituals*. I. p. 177-179.

églises d'Orient pour que nous passions sous silence l'histoire de leur grandeur et de leur décadence qui, depuis l'invasion des Tatars, a fini par aboutir aux persécutions qu'ils ont partagées avec les Yézidiz.

L'hérésie de Nestorius date, comme on sait, du commencement du V⁰ siècle. Un prêtre chrétien du nom d'Athanase, en prêchant un jour dans une église de Constantinople, s'écria : « Que personne n'appelle Marie mère de Dieu, θεωτόκος, car Marie appartient à l'humanité ; on doit appeler Marie mère du Christ, χριστοτόκος. »

Nestorius était alors Patriarche de Constantinople ; il couvrit le prédicateur de sa haute autorité et assuma la responsabilité de cette opinion déjà partagée par certains chrétiens, dont Athanase se faisait le porte parole. Cyrille, Patriarche d'Alexandrie, combattit cette doctrine, et la question fut portée devant le Souverain Pontife qui était alors Célestin I⁰ʳ. La doctrine de Nestorius fut condamnée. Le Pape le somma de se retracter et prononça contre lui une sentence d'excommunication, dans le cas où il n'obéirait pas à cette injonction. Cyrille fut chargé de l'exécution de la sentence, qu'il signifia au Patriarche de Constantinople ; mais Nestorius, au lieu d'obéir, y répondit par un anathème qu'il lança contre le Patriarche d'Alexandrie. A la prière de l'empereur Théodose, le Pape convoqua à Ephèse un concile qui se prononça contre Nestorius. C'est pour perpétuer le souvenir de cette décision que l'Eglise ajouta ces mots à la salutation évangélique : « Sainte Marie, mère de Dieu, priez pour nous ».

Nestorius ne courba point la tête devant toutes ces décisions ; il continua ses prédications, et rallia des partisans. L'hérésie eut ses apôtres et ses martyrs, et prit, en peu de temps, une extension considérable. L'hérésiarque n'était jamais allé en Assyrie ; mais on doit se souvenir que, dans sa lutte à Ephèse contre Cyrille, ses principaux défenseurs furent les évêques d'Orient qui accompagnèrent Jean d'Antioche au troisième concile œcuménique (341). Or, bien que les doctrines monophysites eussent déjà frayé leur chemin jusque sur les confins de l'Assyrie par Diodore de Tarse et Théodore, Evêque de Mopsueste, et se fussent répandues dans l'Ecole fameuse d'Edesse, toutefois ce ne fut que par suite des persécutions qu'essuya le Patriarche de Constantinople que le schisme attira l'attention. Elles furent alternativement enseignées et condamnées par l'école d'Edesse, jusqu'à sa fermeture par l'Empereur Zénon : ceux-là qui les professaient étaient du parti perse. Or, on sait que, lorsque l'Empereur fit un appel à toutes les sectes chrétiennes pour oublier leurs dissenssions et souscrire à l'*Henoticon*, Barsuma, évêque de Nisibin, se plaça sous la protection du roi de Perse Firouz. Acacius, élevé après le meurtre de Babuæus au siège archiépiscopal de Séleucie ou de Ctésiphon, professait secrètement les doctrines nestoriennes. Babæus, son successeur, se déclara en faveur de la nouvelle secte ; c'est de son avènement qu'on peut dater le premier établissement reconnu de l'église nestorienne en Orient.

Jusqu'à la chute de la dynastie sassanide et de la prépondérance de la puissance arabe dans les provinces situées à l'Est du Tigre, les Chaldéens furent tour à tour protégés ou persécutés, suivant la force relative de l'empire perse ou byzantin ; toutefois leurs dogmes furent affirmés et leur chef reçut le titre de « Patriarche d'Orient ». Ils s'efforcèrent de répandre leurs doctrines en Asie, et comptèrent quelques rois persans au nombre de leurs convertis. Cosmas Indicopleustes [1], qui visita l'Asie dans la première partie du VIe siècle, déclare qu'ils avaient des évêques, des prêtres et des martyrs dans l'Inde. Leur influence s'étendit en Arabie, à Socotora, chez les Bactriens, les Huns, les Persarméniens, les Mèdes et les Elamites, et dès le VIIe siècle leurs métropolitains pénétrèrent en Chine [2].

Lors de l'invasion des Arabes, l'Eglise chrétienne était puissante en Orient. La tradition accordait des rapports entre Mahomet et un moine nestorien, Serge ! Ses partisans se montrèrent favorables à la secte ; une sorte de tolérance marqua cette phase de

---

[1]. Voir Cosmas Indicopleustes, dans la *Topographiâ christianâ*. — Assemani, *Bibliotheca orientalis Clementino-Vaticana*, vol. IV, p. 92. — Gibbon, ch. 47, note 116. — Mosheim, *Hist. Tart. Eccles.* pp. 8, 9.

[2]. La fameuse inscription de Se-gan-foo, vue par un missionnaire Jésuite vers 1625, donne des renseignements curieux sur l'état de l'Eglise chaldéenne en Chine de 620 à 781. — Voir Assemani, *Ibid*, vol. IV, p. 380 et d'Herbelot, dans le supplément de sa *Bibliotèque orientale*.

l'Islamisme ; d'ailleurs l'érudition des Chaldéens les recommandait à la bienveillance de maîtres aussi éclairés que les Califes, dont ils devenaient trésoriers, scribes ou médecins. Il semblerait qu'à cette époque la science se fût réfugiée dans cette partie de l'Orient et que les Chaldéens en fussent les principaux dépositaires [1]. C'est par eux, en effet, que nous est venu plus d'un fragment précieux des auteurs grecs. Les Ecoles d'Edesse, de Nisibin, de Séleucie et de Dorkena rivalisaient de savoir et de zèle. Les Califes encourageaient ces efforts et faisaient faire des traductions d'auteurs grecs, tels qu'Aristote et Galien. Des lettrés nestoriens étaient envoyés en Syrie, en Arménie et en Egypte pour recueillir les manuscrits et s'assurer l'aide des érudits indigènes [2].

Lors de la chute des Califes, on comptait vingt-cinq sièges épiscopaux qui reconnaissaient comme chef le Patriarche nestorien. Après la prise de Bagdad par Houlaghou Beg, les persécutions commencèrent : la première semble avoir eu lieu sous le règne de Kassan, fils d'Arghoun, petit-fils d'Houlaghou ; mais c'est à Tamerlan qu'on est en droit d'attribuer la destruction de la secte. Il saccagea les églises, passa les habitants au fil de l'épée ; ceux qui échappèrent se réfugièrent dans les montagnes. A partir de 1413, les annales chaldéennes contiennent à peine la mention d'adhé-

---

1. Voir Assemani, *Bibliotheca orient. Clem. Vaticana*, vol. IV, p. 943.
2. Voir Alexandre de Humboldt pour tout ce qui concerne l'influence des Chaldéens sur la civilisation orientale. (*Cosmos*, vol. II, ch. V.)

rents peu nombreux au-delà des frontières du Kurdistan. Le siège du patriarchat transféré de Bagdad à Mossoul fut enfin établi à Kokhanes près de Julamérik, dans le district de Hakkiari, à 24 kilomètres au Sud-est de Van. C'est là que vivent, au milieu des montagnes, d'une vie toute pastorale, les débris de cette race antique qui sait au besoin devenir guerrière et redoutable, quand il s'agit de soutenir sa foi.

Les Nestoriens sont divisés en plusieurs tribus : la plus importante est celle du Tiyari qui occupe les deux rives du Zab ; les autres sont plus ou moins disséminées dans les villages musulmans habités par les Kurdes, au Nord de Mossoul. Ils sont depuis 1832 l'objet des sollicitations les plus actives des missionnaires américains protestants, qui ont établi au milieu d'eux une soixantaine de stations, et qui cherchent en vain à les détourner de leur culte.

La langue religieuse des Nestoriens est le chaldéen ancien ; et si les fidèles ne le comprennent pas, leurs prêtres ne le comprennent pas beaucoup mieux. Pendant les offices, ils récitent d'une manière inintelligible leur prières dans lesquelles on ne saurait reconnaître un dialecte allié à l'Hébreu, au Syriaque ou à l'Arabe. La langue parlée offre des nuances assez appréciables ; celle des tribus montagnardes diffère de celle des vallées ; mais ces nuances, qui tiennent à des circonstances toutes locales, n'altèrent pas le caractère général de l'idiome qui est celui des Kurdes.

Les Nestoriens s'habillent comme les Kurdes, et ne

se distinguent que par les cérémonies de leur culte. Ils vivent en bonne intelligence avec les Yézidiz, qui sont comme eux les victimes les plus éprouvées de la persécution des Musulmans.

IV

Les missions chrétiennes

Nous avons vu combien ce malheureux pays est divisé par les schismes, malgré la pression musulmane qui poursuit par le glaive l'unification politique et religieuse des communions. A côté des actes de violences dont les infidèles sont victimes, nous ne pouvons passer sous silence les efforts des missionnaires de l'Occident qui, au nom d'un autre principe, veulent atteindre le même but par la persuasion, en essayant de répandre autour d'eux les bienfaits d'une éducation chrétienne. Malheureusement leurs efforts sont à peu près stériles : ils n'ont rien gagné auprès des Kurdes, dont le fanatisme intolérant repousse toute autre religion que celle de Mahomet, et ils s'adressent spécialement aux Nestoriens. Chez les Yézidiz, ils se sont heurtés à un attachement aveugle à une religion que ses sectateurs ne comprennent pas. Les Musulmans considèrent ces derniers comme des êtres au-dessous de l'animalité ; ils sont hors la loi. On peut les tuer comme des bêtes fauves, à plus forte raison, les torturer, les vendre comme un vil bétail. Les missionnaires chrétiens de toutes les communions les regardent comme des êtres incapables de les comprendre, rebelles à toute éducation, à toute idée religieuse ; c'est pour eux une quantité négligeable.

Le couvent de Mossoul a toujours compté dans son sein des hommes très éminents ; outre le Père Garzoni qui, le premier, a publié un écrit sur la langue kurde, je puis citer aujourd'hui le Révérend Père Duval, un homme d'une haute intelligence, plein de tact et de dévouement, qui dirige depuis de longues années la mission de Mossoul et s'occupe de l'instruction des jeunes indigènes.

La propagande active des missions d'Angleterre a-t-elle été efficace ? Il est permis d'en douter ; cependant le culte de l'Eglise d'Angleterre semble se rapprocher plus que tout autre des doctrines de Nestorius. — Quant aux missions américaines qui représentent le protestantisme avancé arrivé au pur déisme et niant au besoin la divinité de Jésus-Christ, elles croyaient trouver auprès des Nestoriens une conquête facile pour leurs doctrines ; mais ceux-ci ne sont pas encore arrivés à substituer les commentaires de la raison individuelle au culte traditionnel de l'Evangile.

Leur zèle n'a servi qu'à mettre quelquefois un nouvel élément de discorde parmi les populations chrétiennes et des armes entre les mains des Kurdes.

Le Dr Grant s'est multiplié inutilement et a payé de sa vie son dévouement à la cause des Nestoriens ; après les massacres du Tiyari, ces malheureux vinrent dans sa propre maison abriter leurs misères et lui apportèrent les germes de la maladie à laquelle il a succombé. C'est en vain qu'il avait élevé des écoles dans les principaux villages ; elles se remplirent tant que les missionnaires se bornèrent à l'enseignement de la lecture primaire, mais dès qu'ils voulurent parler religion à leurs élèves, les enfants désertèrent. Au moment des persécutions, les Kurdes s'emparèrent des écoles et les convertirent en citadelles à leur profit. Il faut entendre à ce sujet les doléances de Mar-Shimoun, le Patriarche des chrétiens d'Orient, comme il s'intitule lui-même. Nous les prendrons dans une des lettres qu'il adressait à l'Archevêque de Cantorbéry, en lui exposant l'état de la secte pour laquelle il demandait la protection de l'Angleterre.

« Vous n'ignorez pas, disait-il, que, depuis le IVe siècle à la fin du VIIe, le Seigneur a mis l'Asie aux mains des Grecs, et que pendant cet intervalle le pays fut divisé et l'Eglise séparée en plusieurs communions, Chaldéens, Syriens, Grecs, Coptes, Arméniens, Maronites et autres ; quand l'Islam fut introduit, tous les chrétiens furent persécutés par les Musulmans, maîtres de la terre. Par suite de la férocité et de la persécution, tous les pasteurs fidèles et orthodoxes ont été égorgés ; leurs collèges et leurs écoles fermées, et ces maux ont désolé particulièrement nos régions orientales, afin que toute science y périt.

» Après cela, vinrent les loups voraces en habits de moutons ; ayant trouvé une occasion favorable, ils commencèrent à prêcher la suprématie du Pape et la juridiction universelle de Rome. Il y a 17 ans, ces loups vinrent de nouveau, et par leurs discours mensongers, ils essayèrent de détacher une partie du troupeau !

» Mais pendant que nous vivions à part dans nos montagnes du Tiyari, dans une paix tranquille, depuis trois ans des personnes vinrent d'Amérique et se présentèrent à nous comme les vrais chrétiens ; quand nous connûmes leurs idées, nous trouvâmes qu'elles étaient pleines d'erreurs, et nous les avons repoussées. »

Mar-Shimoun entrait ensuite dans l'exposé des persécutions dont les Nestoriens étaient l'objet, et faisait un pressant appel à l'Archevêque pour que le gouvernement britannique agît auprès du Sultan, afin de mettre un terme aux persécutions. L'appel fut entendu, et le gouvernement de Constantinople envoya des forces contre les Kurdes. Les Yézidiz, dont Mar-Shimoun ne parle pas, se réunirent aux troupes du Sultan pour les combattre. Les forces des Kurdes furent anéanties et les massacres cessèrent. Enfin l'effet matériel a été considérable, mais je doute que l'Eglise d'Angleterre ait fait parmi les Nestoriens les conversions qu'elle attendait. Il en a été de même des missions catholiques si imprudemment représentées par M. Boré [1]. Les Nestoriens sont restés Nestoriens comme par le passé, et les espérances des missionnaires anglais se sont évanouies en présence de l'attachement invincible des populations à leur culte traditionnel.

Depuis la séparation des Nestoriens qui ont voulu se rapprocher de l'Eglise de Rome, le chef de la secte dissidente prit le nom de Mar-Iousoff, et celui de l'Eglise primitive continua de porter sous le nom de Mar-Shimoun le titre héréditaire de Patriarche des Chaldéens. Au moment des massacres dont nous aurons à parler, Mar-Shimoun, le dix ou onzième du nom, était un homme dans la force de l'âge, très habile, et qui, sans avoir cette vaste érudition qui fit la gloire des Nestoriens à une autre époque, était assez versé dans les questions de dogme pour conserver parmi son troupeau les doctrines de son église. Allié des missions anglaises, Mar-Shimoun voyait avec inquiétude les avances des protestants américains. Les fidèles se défiaient des relations amicales qui existaient entre le D\u1d63 Grant, le zélé missionnaire de l'Amérique et Nour-Allah, le chef des Kurdes du district de Hakkiari. Ils se trompaient grandement toutefois; les évènements sont venus justifier ces défiances. Les massacres ont désolé les cantons nestoriens; Mar-Shimoun a échappé miraculeusement à la mort, et sa vieille mère qui s'était réfugiée dans les montagnes a

---

1. Voir E. Boré, *Correspondance et Mémoires d'un voyageur en Orient*. Paris, 1840.

été surprise par les Kurdes qui l'ont fait périr dans un affreux supplice.

Lorsque la tranquillité fut assurée, Mar-Shimoun revint au milieu de ses fidèles ; il trouva les églises dévastées, les prêtres égorgés, mais les survivants du désastre étaient restés attachés à la foi de leurs pères.

V

Les Yézidiz. — Leur origine.

C'est au milieu de toutes ces populations si divisées par leur origine et leurs croyances religieuses que nous trouvons les Yézidiz. Ils ne représentent que la partie la moins considérable des habitants du Kurdistan. En 1840, ils comptaient environ 200,000 hommes et pouvaient mettre sur pied 3,000 cavaliers et 6,000 fantassins ; aujourd'hui, leur nombre s'élève à peine à 50,000, et tend à diminuer de jour en jour.

Les Yézidiz ne ressemblent pas aux Kurdes ; on voit sur le champ que ce sont des hommes d'une autre race. — Ceux des environs de Mossoul sont remarquables par la vigueur de leur physionomie et l'harmonie de leurs traits. Les femmes sont en général d'une grande beauté : leur teint est peut-être un peu trop brun, mais leur visage est d'une régularité parfaite. — Celles du Sinjar sont loin d'être aussi jolies et manquent de distinction.

Les Yézidiz parlent la même langue que les Kurdes ; c'est pourquoi quelques voyageurs les ont considérés comme appartenant à la même famille et formant parmi ces derniers une secte particulière, qui n'aurait pas accepté leurs doctrines ni leur conversion à l'Islamisme.

Leur origine est trop obscure pour l'expliquer ; elle a donné lieu à tant de divergences, qu'on serait tenté d'admettre qu'elle procède de plusieurs sources distinctes. — Les Yézidiz des environs du lac de Van se rattacheraient aux Arméniens ; — ceux du Sindjar, aux Arabes ; — ceux des frontières de la Perse, aux Guèbres. — Ces distinctions toutes superficielles ne reposent que sur quelques rites particuliers, reflets des croyances religieuses des populations au milieu desquelles ils vivent, et ne sont basées sur aucune observation sérieuse. Le caractère physique de leur race, aussi bien que l'unité du principe fondamental de leur croyance, indique une origine commune qui nous échappe.

M. Badger les fait descendre des anciens Assyriens ; d'autres pensent qu'ils sont les représentants des premiers habitants touraniens qui occupaient le pays avant la conquête des Assyriens sémites et qui s'y sont maintenus. — Si l'on interroge les Kurdes, ils rejettent toute parenté avec ces infidèles, et les confondent avec les sectes inférieures des plaines.

La politique des conquérants assyro-chaldéens a

profondément modifié les conditions ethnographiques de cette partie de l'Asie. Pendant plus de cinq siècles, ils ont pratiqué avec persistance le système des transportations en masse dans l'espoir d'assurer l'unité nominale de leur empire. Chaque victoire était toujours accompagnée du sac et de la destruction de la ville ennemie. Si les habitants n'étaient pas passés au fil de l'épée, le vainqueur, après les avoir dépouillés de leurs biens, les dirigeait vers quelque région lointaine, où ils perdaient d'abord leur individualité et, peu à peu, le souvenir de leur origine. D'un autre côté, si les villes prises étaient conservées, le roi d'Assyrie appelait une population pauvre de ses provinces pour venir les habiter. Cette odieuse politique n'a même pas pris fin à la conquête de Babylone par les Perses. Les derniers exilés de Jérusalem profitant des décrets du nouveau vainqueur purent regagner leur patrie ; mais ceux qui, depuis des siècles déjà, avaient été dispersés, restèrent forcément dans leur lieu d'exil. C'est ainsi qu'auprès d'Arban, sur les bords du Kabour, on trouve encore quelques Juifs, derniers représentants des vaincus de Samarie [1].

Les Yézidiz ont un caractère tellement distinct de celui des populations au milieu desquelles ils vivent, qu'il ne me paraît pas douteux qu'ils ne soient les restes de quelque transportation analogue, dont on découvrira un jour la cause.

[1]. La prise de Samarie eut lieu dans la première campagne de Sargon (721 av. J.-C.). — Voir *Annales des rois d'Assyrie*. Salle II, n° 39, — et Isaïe, CXX, 1.

Ils ont une antique tradition d'après laquelle ils se disent originaires de Busrah et de la contrée arrosée par le bas-Euphrate. Après leur migration, ils se seraient arrêtés d'abord en Syrie ; puis ils auraient pris possession des montagnes du Sindjar et se seraient répandus ensuite dans les autres districts du Kurdistan. Cette tradition, si elle était justifiée par la nature de certains rites qu'on leur attribue, donnerait à leur culte une origine chaldéenne ou sabéenne ; mais cette tradition, comme toutes celles qu'on peut recueillir sur leur compte, ne repose sur aucune donnée sérieuse. Les Yézidiz sont du reste dans l'impossibilité complète de nous renseigner eux-mêmes ; ils sont d'une ignorance absolue sur leur histoire. D'ailleurs, la plupart ne savent ni lire ni écrire ; quelques uns de leurs chefs spirituels peuvent à peine lire leurs prières et satisfaire aux nécessités les plus impérieuses de la correspondance qu'ils échangent avec le gouvernement turc. Cette ignorance et la répulsion réciproque qui divise les sectes sont une garantie de la pureté originelle de leur race. Ils n'admettent aucune conversion à leur doctrine, ne se mêlent pas aux autres sectes et sont ainsi obligés de se marier entre eux.

Les Turcs et les Arabes les désignent sous le nom de *Nousseiri*, altération du mot *Nasrani*, qui s'applique également aux Chrétiens, et qui est synonyme de « Mécréant » ou d' « Infidèle ». Ils les appellent encore *Kisil-Bach*, c'est-à-dire « têtes rouges » et les confondent ainsi avec les Mahométans dissidents auxquels ils donnent ce surnom par mépris. Les Kisil-Bach sont les sectateurs d'Ali, qui lors de la guerre de succession portaient un turban rouge, tandis que ceux qui étaient restés orthodoxes portaient un turban noir. Enfin, pour toutes les sectes, ce sont des *Rayas*, c'est-à-dire des hommes de la dernière condition. Lorsqu'un Turc veut injurier quelqu'un, il le traite de Yézidiz. On désigne encore ces infidèles sous le nom de *Davashim*; c'est ainsi qu'ils sont fréquemment nommés par les Chrétiens et les Mahométans. On ignore la signification de ce nom ; cependant ils l'acceptent eux-mêmes sans le comprendre autrement que comme une ancienne appellation de leur race remontant à une époque immémoriale. — Quant au nom de *Yézidiz* sous lequel ils sont plus généralement connus, on en ignore également l'origine ; toutefois on en propose plusieurs explications plus ou moins plausibles.

Les Musulmans prétendent que les Yézidiz sont les sectateurs d'un sheikh obscur nommé *Yezid*, ou de *Yezid I*^{er}, le deuxième Calife ommiade, fils de Mohawiah qui régna trois ans et trois mois à Damas, à partir de l'an 680, et dont le nom est exécré par les Musulmans. — Il combattit Hussein, fils d'Ali, ravagea la ville sainte de Médine et s'apprêtait à faire le siège de La Mecque, lorsque la mort vint le surprendre[1]. — Il y a des raisons de croire que cette explication est erronnée, car le nom de Yézidiz était

---

1. Voir Garzoni dans S. de S. (Sylvestre de Sacy). *Notice sur les Yézidiz*, etc., p. 191.

déjà employé longtemps avant l'avènement de l'islamisme.

D'après quelques auteurs arméniens, les Yézidiz ne seraient autre que les *Arévortiks* dont l'existence remonte aux époques les plus reculées ; mais c'est précisément cette identité qu'il faudrait établir.

Mentionnons encore l'opinion de M. Portoukalian ; elle est assez spécieuse pour avoir été partagée D'après lui, en persan la particule *i* signifie « être originaire de » : ainsi on dit *Hadji* « habitant du Hadj », *Hispahani* « habitant d'Hispahan » ; ceci établi, on sait qu'il y a en Perse une ville nommée *Yezd* et entre Hispahan et cette ville une autre localité nommée *Yesidikest*, de sorte que les Yézidiz seraient une colonie persane qui, en se répandant en Arménie, se serait mêlée aux habitants ; et qui, par suite des persécutions des Musulmans, aurait adopté différentes pratiques pour se rapprocher des chrétiens, parce qu'ils étaient alors moins persécutés.

Les Kurdes prétendent que les Yézidiz n'ont aucune tradition écrite ; cependant ceux-ci invoquent la possession d'un *Livre* qui devrait renfermer le Code de leur foi ; mais ce Livre, dont nous aurons occasion de parler plus tard, est d'une rédaction assez récente. On prétend même qu'il n'est produit que pour chercher à faire illusion aux Musulmans, qui déclarent respecter les sectes dont la doctrine s'appuie sur l'autorité d'un Livre révélé.

L'histoire des Yézidiz ne repose donc que sur des souvenirs confus, des légendes dont on ignore la source et qui échappent à tout contrôle. Leur dogme apparaît, d'après les récits qu'on leur prête, comme un mélange de toutes les idées qu'ils ont recueillies au milieu des populations avec lesquelles ils se trouvent en rapport. — Leur culte se réduit à des cérémonies bizarres dont la simplicité fait tout le mystère, laissant à l'imagination de ceux qui veulent les pénétrer toute latitude pour expliquer ce qu'elles peuvent couvrir au fond, lorsque, en réalité, elles ne cachent absolument rien.

VII

**Les Yézidiz.
Leur constitution politique et religieuse.
Hussein-Bey et Sheikh-Nazir.**

Les Yézidiz ont un chef religieux et un chef temporel ; — l'un dirige les affaires de la tribu et se met en relation avec les pouvoirs civils ; — l'autre veille à la conservation des rites et à l'entretien du sanctuaire où reposent, suivant la tradition, les restes de leur prophète.

Ce sanctuaire se nomme, d'après la tombe du Saint auprès de laquelle on vient prier, *Sheikh-Adi*, et a donné son nom à toute la vallée. C'est un lieu aussi vénéré par les Yézidiz que la Mecque par les Musulmans. Tous les ans, les fidèles s'y rendent en foule pour célébrer les cérémonies du culte. L'histoire de ce sheikh est aussi obscure que celle de toute la secte. — A-t-il réellement existé, ou bien le nom d'*Adi* cacherait-il une des formes de celui de la

HUSSEIN-BEY ET SON FRÈRE

(d'après Layard, N. B., p. 207).

divinité ? Autant de questions auxquelles on ne peut répondre que par des conjectures.

M. Badger suppose qu'*Adi* représente une incarnation d'un certain *Yezd*, qui aurait apparu sur cette terre pour apporter sa loi aux Yézidiz, et que le titre de *Sheikh* lui aurait été donné par les fidèles, pour cacher aux Musulmans la véritable signification de son nom ? — Nous reviendrons sur ce sujet, lorsque nous nous occuperons particulièrement du sanctuaire de Sheikh-Adi et des cérémonies qui y sont pratiquées.

Le chef politique des Yézidiz est appelé *Emir*; il occupe sa charge par héritage. C'est l'intermédiaire officiel de la secte tout entière avec le Gouvernement turc. Il jouit d'une autorité considérable ; il peut retrancher à un membre réfractaire les privilèges de la communauté. Cette punition est terrible et expose celui qui en est l'objet à des peines plus sévères que l'excommunication chez les chrétiens au moyen-âge ; aussi est-elle très redoutée.

Le chef religieux a des pouvoirs qui s'étendent sur toute la tribu, et on professe pour lui un grand respect ; son office est également héréditaire. Cependant les Yézidiz peuvent le choisir sans s'astreindre à cette règle, en prenant dans la famille descendante du dernier sheikh un personnage qu'ils jugent plus propre à remplir cette charge, par son caractère, la connaissance des rites sacrés et les autres qualités morales qu'il possède. — En dehors de ses fonctions religieuses, ce chef n'a qu'un pouvoir politique très restreint ; il est seulement le Sheikh des Sheikhs du Sheikhan.

A l'époque où se passèrent les évènements dont nous aurons à raconter les cruelles péripéties, le chef politique de la secte était Hussein-Bey, un homme d'une physionomie bienveillante, mais triste. Son père, Ali-bey, avait été tué lors de l'invasion du Sheikhan, et lui même n'avait échappé que par miracle aux persécutions des Kurdes. Sa mère avait réussi à s'enfuir avec lui dans la montagne, où il fut élevé par les Yézidiz et reconnu dès lors pour leur chef.

A cette même époque, le chef religieux était Sheikh-Nazir. C'est le *Presch Namaz*, le chef des Prières qui préside aux cérémonies sacrées. Dans ces occasions, il est revêtu d'un costume particulier ; mais comme il était obligé d'avoir de continuelles entrevues avec les autorités turques, dans la crainte que son costume ne fût souillé par la présence des Musulmans, ou ne tombât entre leurs mains, il avait délégué ses pouvoirs à un autre personnage, Sheikh Jindi, qui officiait pour lui.

Il est pourvu aux dépenses de la secte, au traitement des hauts fonctionnaires et à l'entretien du sanctuaire par un impôt quasi volontaire. Pour la perception de cet impôt, le territoire est divisé en plusieurs provinces qui comprennent le Sindjar, — le Kherzan, — Alep, — et les petits villages du Nord de l'Arménie, ainsi que ceux de Mossoul. — En outre, les Yézidiz reçoivent également des dons gracieux des fidèles qui habitent les provinces les

SHEIKH-NAZIR
(d'après Layard, N. B., p. 87).

plus éloignées et d'un accès difficile. En dehors de cela, le Kurdistan étant partagé en districts ou cantons, les Yézidiz suivent naturellement cette division administrative et se reconnaissent d'après le nom de leurs cantons.

Il y a parmi eux une hiérarchie sacrée très stricte et très rigoureusement observée. Les prêtres sont partagés en quatre ordres : — les *Pirs* — les *Sheikhs* — les *Cawals* — et les *Fakirs*. Ces charges sont héréditaires et peuvent même être remplies par les femmes, quand elles viennent en ligne de succession.

Les *Pirs* ou les Anciens, qui sont regardés comme des Saints, sont peu nombreux comparativement aux autres ordres ; ils sont les plus respectés après le grand Sheikh, et on leur accorde le privilège d'intercéder pour le peuple dans leurs différends. On prétend qu'ils ont des pouvoirs surnaturels et qu'ils peuvent guérir de la folie. Ils passent leur vie dans une grande sainteté et ne sont tenus à aucun office particulier.

Les *Sheikhs* viennent après les Pirs — Ils peuvent acquérir une certaine éducation et font en quelque sorte l'office de scribes dans la secte. Ils sont préposés à la direction des hymnes religieux qui se récitent en arabe ; on croit que les plus instruits en comprennent quelques mots ? — Leur habillement est entièrement blanc, excepté le casque qui surmonte leur turban et qui doit être noir. — Comme serviteurs de Sheikh-Adi, ils sont les gardiens (*Nazirs*)

4

de la tombe. Ils allument le feu sacré, fournissent des provisions à ceux qui demeurent dans l'enceinte et aux personnages de distinction qui peuvent y être admis. — Ils ont toujours autour du corps une bande d'étoffe rouge et orange comme marque de leur office. Leurs femmes sont employées aux mêmes services et portent la même ceinture. Il y a toujours plusieurs sheikhs qui demeurent dans la vallée de Sheikh-Adi et qui veillent à l'entretien de la tombe du Saint ; ce sont eux qui reçoivent les pèlerins, dirigent les offices et sont préposés à la conservation des objets sacrés.

Les *Cawals* sont littéralement les Orateurs de la secte, « ceux qui ont la parole facile ». Ils semblent être les membres les plus actifs de la corporation. — Ils peuvent être envoyés en mission par le chef religieux dans les districts, et vont de village en village enseigner aux enfants la doctrine de la secte. — Seuls ils savent jouer de la flûte et du tambourin. Ces deux instruments sont considérés comme sacrés ; ils les embrassent avant de s'en servir, et lorsqu'ils ont fini, ils les portent à leurs oreilles avec une certaine cérémonie. Ils apprennent de bonne heure à jouer de ces instruments, à chanter et à danser. Ce sont les musiciens de la communauté, et comme la musique et la danse forment la partie la plus apparente du culte des Yézidiz, les Cawals paraissent représenter ainsi le côté particulièrement religieux de la classe sacerdotale. Ils sont très nombreux et appartiennent en général aux deux villages de

Baasheikhah et de Baazani ; mais ils peuvent être envoyés partout où les besoins du service l'exigent. — Ce sont eux qui sont chargés de recueillir les contributions des différents cantons. Le produit de leur collecte est partagé en deux portions égales : l'une d'elles est consacrée à l'entretien de la tombe de Sheikh-Adi ; — la moitié de l'autre est attribuée au chef de la secte, et le reste est partagé en parties égales entre les Cawals.

Les *Fakirs* sont les prêtres de l'ordre inférieur; ils portent des robes noires ou brunes ; leur vêtement descend jusqu'aux genoux et s'adapte à leur personne. Ils sont coiffés d'un turban noir sur lequel ils mettent un mouchoir rouge. Ils sont préposés au maniement des objets du culte, éteignent et allument les lampes, nettoient l'édifice sacré. Leur fonction principale est d'administrer le matériel du sanctuaire ; ils coupent le bois, apportent l'eau, accompagnent les Cawals dans leurs missions. Ils ont comme insigne de leurs fonctions une bande d'étoffe sur l'épaule gauche, pour protéger leur vêtement quand ils apportent le bois au temple ; ils la quittent rarement en dehors de leur service. On les appelle quelquefois *Kara-Basch* ou « Têtes noires », à cause de la couleur de leur turban [1]. Comme ils sont le plus en évidence à cause de leurs fonctions multiples, on croit qu'ils représentent toute la secte et la font participer à leur mauvaise réputation. On les accuse, en effet, de

---

1. Voir Taylor, dans le *Journal of the Geographical Society*, 1868.

célébrer des fêtes nocturnes où règne la plus grande promiscuité. De là, le nom de *Tirah-Sanderun* « éteigneurs de lumières » qu'on leur applique ; mais cette accusation ne repose sur aucun fait de nature à la justifier.

VIII

Mœurs des Yézidiz

Quand on pénètre dans un village des Yézidiz, on est immédiatement frappé de l'aspect des habitations qui offrent un contraste avec celles des autres populations. Au lieu de la saleté proverbiale des tribus de l'Asie-Mineure, le village tout entier et chaque maison en particulier respirent un air de propreté exceptionnelle. On s'aperçoit bientôt que cette population honnête est loin de mériter la fâcheuse réputation qu'on lui a faite. Dévoués à leur culte, les Yézidiz vivent en bonne intelligence avec les adhérents de toutes les autres religions, dont ils ne cherchent point à troubler la foi, et ils ne désirent pour eux que la même réciprocité. Leurs querelles intestines sont soumises à l'arbitrage de leurs sheikhs, quelquefois même à des étrangers, et ils obéissent sans murmurer à la sentence dès qu'elle est rendue.

En général, les Yézidiz, et surtout ceux de Mossoul, sont très industrieux, probes et braves. On leur reproche d'être intempérants parce qu'ils boivent l'arak et s'enivrent quelquefois? — Ils imitent en cela les Géorgiens qui, de tout temps, ont contracté cette funeste habitude pour prouver aux Chrétiens qu'ils ne sont pas Musulmans ; mais on s'accorde à reconnaître qu'ils sont exempts de beaucoup d'immoralités si communes parmi les populations de l'Orient [1].

Voici maintenant quelques détails plus particuliers sur leur manière de vivre. Ils ne mangent jamais de choux ni de bamiyah (*Hibiscus esculentus*), ni d'autres végétaux qui leur sont également défendus [2]. Le porc leur est interdit ; mais ils mangent le bœuf, le mouton et tous les autres animaux qui font la nourriture habituelle des peuples de ces contrées, à la condition toutefois que l'animal ait été saigné suivant la loi mosaïque. Ils n'ont aucune répugnance à partager leurs repas avec les Chrétiens ; mais cela ne leur arrive pas avec les Musulmans et s'explique suffisamment par une aversion réciproque.

Nous avons parlé du costume des hommes qui varie suivant leur condition. Celui des femmes présente également la même variété et se prête plus encore à la fantaisie [3]. Le vêtement des jeunes filles est aussi riche que leur condition le leur permet.

---

1. Voir Badger, *Nestorians and their Rituals* I, p. 132.
2. Voir Layard, *Nineveh and its Remains*, t. I, p. 302.
3. Voir Layard, *Nineveh and Babylon*, p. 86.

FEMMES YÉZIDIZ

(d'après Layard, N. B p. 41)

Les unes tressent des fleurs dans leurs cheveux ; d'autres entourent leur noir turban de branches de myrte ou de quelques autres ornements posés d'une manière simple et toujours élégante. Elles ont toutes des colliers composés de pièces de monnaie, de grains d'ambre, de corail, d'agate ou de verroterie. Quelques-unes ont leur noir turban complètement couvert de pièces d'or ou d'argent. Elles portent une sorte d'écharpe d'une étoffe verte ou jaune, posée comme un plaid écossais sur une épaule et tombant sur leur robe. C'est la pièce principale du costume des jeunes Yézidiz, et qui est aussi acceptée par les filles chrétiennes des mêmes districts.

Les femmes, avant leur mariage, ont le cou découvert ; mais lorsqu'elles sont mariées, elles le voilent d'un mouchoir blanc qui passe sous le menton et se trouve retenu sur la tête. Les jeunes filles recherchent les couleurs voyantes ; tandis que les matrones sont pour la plupart habillées de blanc. Les femmes de la famille des Cawals portent comme leur mari le turban noir.

La polygamie est généralement interdite, excepté pour les chefs religieux et politiques ; les femmes sont l'objet d'un grand respect de la part de leur mari et leur sont toujours très fidèles. L'adultère était jadis puni de mort, et si aujourd'hui ce terrible châtiment n'est plus infligé, on doit considérer que la coutume est tombée en désuétude, faute d'application.

IX.

Naissance. — Mariage. — Mort.

Dans les périodes calmes, lorsque les Yézidiz n'ont plus à redouter, pour un temps, l'oppression des Kurdes ou la protection onéreuse des Turcs, la famille se développe, et c'est alors qu'on peut étudier les différentes phases qu'elle parcourt pour se constituer, se renouveler et finir, c'est-à-dire la naissance, le mariage et la mort.

Naissance.

La naissance est toujours un moment de fête et de joie. On salue avec plaisir la venue de ce nouveau-né. Il semble alors que la famille oublie ses misères, ses souffrances et qu'elle voit dans ce gage d'une tendresse réciproque l'aurore d'un meilleur avenir. Je citerai, d'après Layard, ce qui s'est passé à la naissance du fils de Hussein-Bey, chef politique de la secte.

Sir Henry Layard avait été invité à venir passer une journée chez Hussein-Bey, à quelques lieues de Mossoul ; il s'y rendit et rencontra à une certaine distance du village Hussein Bey, qui s'était porté au devant de lui, et l'accompagna jusqu'à sa demeure [1].

Le déjeuner fut apporté du harem de Hussein-bey, et la foule s'étant retirée, après le repas, Layard se préparait pour le reste de la journée à jouir de la fraîche température du salamlik, lorsqu'il fut réveillé dans l'après-midi par les cris aigüs des femmes ; ce bruit annonce généralement un heureux événement. Le jeune chef entra bientôt après, suivi d'un long cortège. Il était évident, par l'expression de ses traits, qu'il avait une nouvelle à annoncer [2]. Il s'assit auprès de Layard et s'adressant à lui : « Bey, dit-il, votre présence a apporté le bonheur dans ma maison ; de votre main, on ne peut rien recevoir que de bon. Nous sommes tous vos serviteurs, louange au Très-Haut ; un autre serviteur vient de naître pour vous ; c'est notre premier-né et il grandira, j'espère, sous votre ombrage. Permettez qu'il reçoive un nom de votre bouche, et il sera pour lors placé sous votre protection. »

L'assemblée se joignit à cette requête et affirma que cet événement, si agréable pour la tribu, devait être attribué à l'heureuse visite de son hôte. — Layard ignorait tout à fait les exigences de la

---

1. Voir Layard, *Nineveh and its Remains*, T. I, p. 273 et suivv.
2. Voir Layard, *Ibid.*, p. 274 et suivv.

cérémonie, s'il y en avait une, à laquelle il devait se joindre en nommant le nouveau-né du chef. Malgré son respect et son estime pour les Yézidiz, il ne pouvait pas admettre sans quelques scrupules qu'un chrétien fut le parrain d'un Yézidiz, et il était naturellement inquiet de l'obligation morale qu'il allait contracter, en servant de père spirituel à un adorateur du Diable ! Cependant, comme on lui assura qu'il n'avait d'autre responsabilité à encourir que celle de choisir un nom, il accepta. La cérémonie du baptême était réservée pour un jour plus éloigné, lorsque l'enfant pourrait être porté à la tombe de Sheikh-Adi et supporter l'immersion dans l'eau sainte. Layard répondit alors à Hussein-bey : « Bey, je me réjouis de cet heureux événement, pour lequel nous devons remercier Dieu. Ce nouveau-né sera, comme ses ancêtres, l'honneur de votre maison. Puisque vous me demandez un nom pour lui, je pourrais vous en donner plusieurs qui, dans la langue de mon pays, sonnent bien et sont honorables ; mais votre langue ne saurait les prononcer et ils ne vous rappelleraient aucun souvenir. Si c'était la coutume, je le nommerais du nom de son père, dont il voudra imiter les vertus. Tel n'est pas l'usage ; mais je n'ai point oublié le nom de son grand'père, nom qui est cher aux Yézidiz et qu'ils ont encore dans la mémoire aux jours de prospérité et de bonheur. Qu'il soit donc nommé Ali-bey, et qu'il vive pour voir les Yézidiz, tels qu'ils étaient au temps de celui dont il portera le nom ! »

Ce discours, accompagné de la distribution de quelques pièces d'or destinées à être attachées au bonnet de l'enfant, fut couvert d'applaudissements, et le nom d'Ali-Bey unanimement adopté. Un parent s'empressa de communiquer cette nouvelle aux femmes; il revint bientôt avec un tapis et quelques broderies offertes à Layard de la part de la jeune mère, qui l'invitait en outre à se rendre au harem pour saluer les femmes de la famille. Layard accepta avec plaisir cette proposition. Il y trouva la mère du chef et sa seconde femme, car Hussein-Bey en avait déjà pris deux ; elles lui assurèrent que l'épouse qui avait apporté cette joie dans la maison n'était pas moins reconnaissante que le reste de la famille.

Les noms d'hommes et de femmes sont généralement ceux qui sont en usage chez les Mahométans et les Chrétiens ou même ceux qui sont employés par les Kurdes d'origine exclusivement musulmane ; cependant il paraît que le nom de Georges est strictement écarté [1].

La circoncision est facultative, le baptême seul est de rigueur ; c'est une pratique à laquelle les Yézidiz se soumettent pour en imposer aux Musulmans. Après la naissance du nouveau-né, un Cawal pénètre dans la tente ; la mère feint de le lui cacher, et quand il l'a trouvé, il lui coupe tous les cheveux ; puis on procède au baptême qui se fait en plaçant l'enfant sur un plateau percé en forme de coq, qu'on plonge dans le bassin sacré.

1. Voir Layard, *Nineveh and its Remains*, I, p. 303.

La cérémonie du baptême a lieu à Sheikh-Adi, quand un enfant est né assez près de la tombe pour qu'on puisse l'y transporter sans inconvénient ; quant à ceux qui sont éloignés du sanctuaire, la cérémonie s'accomplit de la même manière dans le bassin de la demeure du Sheikh, où l'on verse quelques gouttes de l'eau sacrée que les Cawals apportent dans leurs missions et distribuent pour servir à cet usage.

L'enfant grandit et suit les cérémonies du culte, sans autre initiation que la prédication des Cawals ; l'instruction religieuse consiste particulièrement à inspirer l'horreur des Musulmans et le respect des autres sectes, les Yézidiz ne cherchant pas à faire de prosélytes et se recrutant par les naissances.

Mariage

Le Cawal Yusuf, vieux compagnon des premières fouilles de Layard et dont nous aurons occasion de parler souvent dans la suite, ayant invité le voyageur anglais au mariage de sa nièce. Alors celui-ci quitta Nimroud de bonne heure pour se rendre à Baashiekhah. « Nous rencontrâmes, dit-il, à une certaine distance de Baashiekhah, le Cawal suivi des principaux habitants à cheval et d'un nombreux concours de peuple à pied accompagné de musiciens et d'enfants conduisant des moutons destinés à être offerts en présents. C'était le second jour du mariage ; la veille, les parties s'étaient occupées du contrat avec les témoins ; les réjouissances et les danses allaient commencer. Après notre arrivée, l'épouse fut conduite à la maison du fiancé accompagnée des habitants habillés de leurs plus beaux vêtements. »

Le mariage étant une occasion de fêtes dans toutes les sociétés humaines, il aurait été étrange que ces solennités ne se rencontrassent pas chez les Yézidiz [1] ; elles ne sont sanctionnées par aucune cérémonie religieuse ; la publicité qu'elles reçoivent en est la seule consécration. Les hommes et les femmes se présentent d'eux-mêmes au Sheikh, qui donne acte de leur consentement réciproque. Le futur offre une bague à sa fiancée, quelquefois une pièce d'argent ; puis on fixe un jour pour les réjouissances, on prend des sorbets et l'on danse. Ces fêtes sont plus ou moins luxueuses, suivant la condition des personnes. Nous pourrons du reste nous donner une idée du faste qu'on déploie, en suivant encore Layard.

Les Cawals jouant de leurs instruments de musique, la mariée couverte d'un voile des pieds à la tête et gardée derrière un rideau dans le coin d'une chambre obscure, devait y rester jusqu'à ce que les hôtes eussent fêté pendant trois jours ; alors le mari serait autorisé à la rejoindre.

La cour de la maison était remplie de danseurs, et pendant toute la journée et une grande partie de la nuit, on n'entendit que les joyeux éclats de voix des femmes et le bruit du tambourin et des flûtes.

---

1. Voir Layard, *Nineveh and Babylon*, p. 205.

Le troisième jour, de bonne heure dans la matinée, on alla chercher le marié qui fut porté en triomphe par ses amis de maison en maison, où on lui donna un petit présent, et il fut ensuite placé au milieu d'un cercle de danseurs.

Après cette cérémonie, une troupe de jeunes gens, qui s'étaient joints d'eux-mêmes au cortège, s'élança dans la foule et enferma le fiancé dans une chambre sombre, jusqu'à ce qu'il consentît à payer une rançon pour en sortir.

On continua à festoyer pendant le reste du jour, en buvant et en faisant de la musique, accompagnement usuel des fêtes en Orient.

La loi n'admet rigoureusement qu'une femme ; cependant les chefs en ont plusieurs, mais les concubines sont défendues [1]. Il est permis de contracter mariage entre parents. La femme peut être renvoyée pour mauvaise conduite, et le mari, avec le consentement des Sheikhs, est autorisé à se marier de nouveau ; mais la femme renvoyée ne le peut pas. Il y a plus : de tels divorces ne sont accordés que pour adultère ; car, à l'origine, lorsque les Yézidiz administraient eux-mêmes leurs affaires temporelles, la femme était punie de mort, et le mari se trouvait naturellement libéré.

D'après la coutume, la femme était pour ainsi dire vendue au mari ; de là, le droit de propriété exclusive qui justifiait la rigueur contre la femme qui venait

---

1. Voir Layard, *Nineveh and Babylon*, p. 93.

à violer le contrat. Cette coutume entraînait certains abus auxquels l'assemblée de la tribu, exerçant une sorte de législature, porta quelquefois remède. C'est encore Layard qui va nous renseigner sur ce point. Les affaires domestiques et privées de la secte furent discutées devant lui pendant une de ses visites au sanctuaire de Sheikh-Adi, où plusieurs questions furent proposées et résolues. La manière de contracter mariage méritait particulièrement une réforme.

Les parents demandaient parfois une forte somme d'argent pour consentir au mariage de leurs filles ; il en résultait que beaucoup ne se mariaient pas. Cet état de choses, qui existait rarement dans les provinces de l'Ouest, était la source de nombreuses plaintes parmi les membres les plus pauvres de la communauté. Rassam, vice-consul d'Angleterre qui accompagnait Layard, proposa de régler le prix qu'on devait payer au père, sans quoi, dit-il, il encouragerait les enlèvements et donnerait aux fugitifs le secours de sa protection. Cette alternative souleva d'abord beaucoup de murmures ; mais un des vieux Sheikhs de Baazani consentit à la fin à recevoir 300 piastres (environ 50 francs) pour sa fille au lieu de 3,000 qu'il avait primitivement demandées. Cette solution combla de joie les jeunes Yézidiz, et la réunion se termina par des danses et des chants.

Mort.

La mort apporte chez les Yézidiz, comme partout, son tribut de tristesse et de deuil, la nature conservant toujours ses droits. Lorsque les persécutions et les massacres n'abrègent pas leur existence, elle se termine par la maladie ou la vieillesse, dont la science ne peut chez eux adoucir les rigueurs.

Après la mort, le corps est arrosé d'eau fraîche et ensuite inhumé, la figure tournée vers l'étoile du Nord. Un Cawal assiste à la cérémonie ; s'il n'y en a pas dans ce moment suprême, le premier qui passe devant la tombe du défunt doit prier pour lui.

La veuve s'habille de blanc, se couvre la tête de poussière et se frotte avec de l'argile ; puis, accompagnée de ses amis, elle se rend à la cérémonie et se mêle à la danse funèbre, portant le sabre ou le bouclier de son mari d'une main et une mèche de ses cheveux de l'autre.

Les Yézidiz croient à la vie future, à la rédemption et au paradis comme dernier séjour. Pour que le mort puisse parvenir à ce but désiré, on dépose à côté de lui une bouteille. Au souvenir des souffrances qu'il a endurées, les assistants versent des larmes abondantes et en remplissent la bouteille qui est remise au mort. Celui-ci est censé la porter à son Maître Suprême, qui en jette le contenu dans les flammes de l'enfer et les éteint pour le défunt.

Tous ceux qui doivent aller au ciel passeront cependant par une période d'expiation, mais personne ne subira de peines éternelles. Pour racheter leurs fautes, les pécheurs traverseront plusieurs existences et reparaîtront dans des corps où ils seront plus ou moins heureux, suivant la gravité des fautes qu'ils auront commises.

Huit jours après la mort, on fait venir un *Kodja* qui tombe aussitôt en possession d'une seconde vue, et déclare dans quel corps l'âme du défunt doit passer.

Les cadavres sont inhumés dans des lieux consacrés à cet effet. On élève sur la tombe des saints des monuments de forme conique d'une blancheur éblouissante qu'on nomme *Shaks* ; mais, ainsi que nous le verrons, il n'est pas sûr qu'ils recouvrent toujours la dépouille d'un saint ; dans tous les cas, ils sont révérés comme des cénotaphes.

X

Croyances religieuses

Il est assez difficile de préciser les croyances religieuses d'une secte qui vit dans une ignorance complète de son histoire. Quoiqu'il en soit, nous allons essayer de recueillir les légendes qui circulent sur le compte des Yézidiz et qui expriment les opinions qu'on leur attribue plutôt que leurs propres idées.

On s'acccorde à reconnaître que les Yézidiz croient à l'existence d'un être suprême essentiellement bon. Quelques uns prétendent que son nom est *Ayed* et que celui de la secte en dérive. — Ils ne lui adressent jamais de prières, ne lui offrent aucun sacrifice et paraissent éloigner avec un respect superstitieux tout sujet de conversation ayant trait à l'existence de cet être qu'ils adorent et aux attributs qu'on lui prête. Ils vénèrent également Satan, dont ils ne prononcent jamais le nom. Une allusion à ce sujet les irrite et peut, si l'on insiste, amener de graves désordres. Ils ont tellement peur de l'offenser qu'ils évitent avec le plus grand soin toute expression qui pourrait rappeler par le son le nom de Satan ou le mot arabe qui signifie « maudit ». Aussi, en parlant d'une rivière, ils ne disent pas *Shatt*, parce que ce mot a trop de rapport avec la première syllabe du nom Satan, « *Sheitan*, le Diable », mais ils emploient l'expression *Nahr*. C'est pour la même raison qu'ils ne se servent pas du mot *Keistan* « fil » ou « frange »; *Naal* « fer à cheval » et *Naal-bend* « maréchal » sont des mots défendus qui rappellent l'expression *Laan* « malédiction » et *Maloun* « maudit [1] ». — Il en est de même des mots qui renferment l'articulation correspondant au *ch* français, qu'ils remplacent par le son de l's. Ainsi ils ne disent pas *ech halek* « comment te portes-tu ? » mais *es halek*. Il est peut-être douteux qu'ils poussent aussi loin le scrupule; cependant il est certain qu'ils évitent de prononcer le nom du mauvais principe et qu'ils ont de la peine à contenir leur émotion, s'ils l'entendent de la bouche d'un étranger.

Fletcher rapporte à ce sujet un fait très précis. En voyageant sur la route du Djebel Makloub, Toma, son compagnon de voyage, voulant corriger son cheval qui venait de faire un écart, s'écria : *Yennault esh shetan*, ce qui correspond à notre expression : « Le diable t'emporte »! A ce mot, un Yézidiz qui était

---

1. Voir Badger, *Nestorians and thier Rituals*, I, p. 125.

présent se rua sur lui, et il fallut intervenir pour le dégager. — Layard rapporte un fait analogue qui lui est tout personnel. Il était assis au pied d'un arbre auprès du chef des Yézidiz et assistait à une de leurs fêtes. Des enfants étaient grimpés sur cet arbre pour mieux voir ce qui allait se passer ; l'un d'eux s'efforçait de gagner l'extrémité d'une branche, qui s'étendait précisément sur la tête des assistants et qui pouvait, à chaque instant, se rompre sous son poids. Layard s'apercevant du danger imminent dont on était menacé, s'écria : « Si ce petit diable... » en se servant de l'épithète *sheit*, généralement donnée en Orient aux enfants de cette sorte. Il se tut immédiatement ; mais il était déjà trop tard. La moitié du mot redouté s'était échappée de ses lèvres. L'effet fut instantané ; un sentiment d'horreur saisit ceux qui étaient assez près pour l'entendre et se communiqua promptement à ceux qui étaient plus éloignés. Les traits du jeune Bey prirent une expression sérieuse et peinée. Layard s'excusa d'avoir ainsi involontairement choqué la susceptibilité de son hôte ; mais ce fut en pure perte. Il essaya de lui faire comprendre qu'il n'y avait attaché aucune mauvaise intention, sans s'aventurer toutefois dans des explications qu'il n'aurait pu faire accepter sans de grandes difficultés [1].

Malgré leurs dénégations et les raisons qu'ils donnent, on persiste à croire que les Yézidiz adorent

---

1. Voir Layard. *Nineveh and its Remains*, I, p. 287.

en même temps le bon et le mauvais principe, c'est-à-dire Dieu et le Diable, — le Diable qui est méchant, mais qui peut selon eux faire quelquefois du bien, tandis que Dieu, qui est bon, ne peut faire de mal ! Cependant, si on les presse de questions à ce sujet, ils déclarent qu'ils n'adorent pas le Diable, qu'ils le vénèrent seulement et le regardent comme un ange déchu qui sera réhabilité un jour. Il y a là évidemment un souvenir confus des traditions mazdéennes ; mais leur explication ne va pas plus loin.

D'après les idées religieuses qu'on attribue aux Yézidiz, leurs cérémonies semblent empreintes d'un caractère plus propitiatoire qu'eucharistique. — A ce point de vue, leur culte serait l'expression du sentiment naturel de l'homme qui le conduit à craindre la punition de ses fautes, plutôt qu'à remercier Dieu des bienfaits qu'il reçoit.

Ce culte intéressé du mauvais principe ne constitue pas toutefois le fond de la doctrine de Zoroastre. Il appartenait surtout aux Mèdes qui voulurent l'imposer à la Perse ; c'était la croyance à laquelle Cyrus substitua le Mazdéisme, celle que le mage *Gaumatès*, le faux Smerdis, s'efforça de rétablir et que Darius combatit avec tant d'énergie, en relevant, dit-il dans ses inscriptions, les autels que Gaumatès avait renversés et en restituant au Mazdéisme toute sa pureté.

D'après ce qu'on entrevoit aujourd'hui des idées religieuses des Yézidiz, ils croient que Satan est le chef des Anges déchus et qu'il subit à présent la punition de sa rébellion contre le Génie du bien, mais qu'il reste encore puissant et qu'il pourra un jour être rétabli dans la position qu'il occupait jadis au sein de la hiérarchie céleste. Déchus eux-mêmes, de quel droit les Yézidiz maudiraient-ils l'Ange tombé, et puisqu'ils attendent leur propre salut, pourquoi le grand foudroyé de la légende ne reprendrait-il pas chez eux son rang comme chef des armées célestes [1] ?

A côté de Satan et immédiatement au-dessous de lui, en pouvoir et en puissance, on compte sept Archanges qui exercent une grande influence sur le monde. Ce sont : Gabriel, Michel, Raphaël, Ariel, Dédrael, Azraphel et Shemkéel ; le Christ, selon eux, est aussi un ange qui a pris la forme d'un homme. Ils ne croient pas qu'il est mort sur la croix, mais ils affirment qu'après sa mort il est monté au Ciel, et ils attendent sa seconde venue comme celle d'Iman Merchdi, faisant ainsi une part égale aux traditions chrétiennes et musulmanes.

Toutes les idées religieuses que nous venons d'exposer ne reposent sur aucun dogme formulé d'une manière précise et peuvent dès lors se rattacher aux doctrines religieuses les plus diverses. On y découvre surtout un mélange inconscient des préceptes du Mazdéisme et des doctrines chrétiennes. — D'un autre côté, la peur des persécutions a fait suivre et accepter quelques pratiques de l'Islamisme. Après avoir adopté

---

1. Voir E. Réclus, *Nouvelle Géographie*. T. IX, p. 342.

le baptême, pour se rapprocher peut-être des Chrétiens, les fidèles ont admis la circoncision pour éviter la haine des Mahométans, leurs persécuteurs acharnés C'est ainsi que nous voyons des passages du Coran inscrits sur leurs tombes et sur la porte de leurs sanctuaires, toutes les fois que ces passages ne paraissent pas en désaccord avec leurs opinions, sans doute pour se faire bien accueillir dans un pays où l'on parle Arabe.

Les Yézidiz ont également beaucoup de rapports avec les Sabéens ; ils ont, comme eux, la couleur bleue en aversion ; ils ne l'emploient jamais dans leurs vêtements et ne s'en servent pas dans la décoration de leurs maisons. — La propreté de leurs habitations, les fréquentes ablutions qu'ils pratiquent, l'habitude de se tourner vers le soleil levant ou vers l'étoile polaire pour accomplir leurs cérémonies sacrées les rapprochent des Sabéens, sans les rendre solidaires de leurs doctrines.

Ils ont un grand respect pour le feu, mais ils ne lui rendent pas pour cela un culte particulier. Ils passent souvent les mains sur la flamme pour les purifier, particulièrement sur les lampes qu'on allume autour de la tombe du Prophète ; puis ils embrassent leurs mains, se frottent les sourcils et quelquefois toute la figure. Ils ne crachent jamais sur le feu, pour ne pas en souiller la flamme.

On voit sur la porte d'entrée du sanctuaire de Sheikh-Adi un énorme serpent sculpté en relief ; il paraît d'une époque fort ancienne, contemporaine de la fondation de l'édifice servant d'enceinte sacrée. Cette sculpture a fait supposer que les Yézidiz avaient un culte pour le serpent. On raconte, à cet effet, que lorsque l'arche de Noé voguait sur les eaux, elle heurta le sommet du mont Sindjar, et le choc ébranla une des planches de l'arche, ce qui occasionna une voie d'eau. L'arche s'enfonçait et se trouvait sur le point d'être submergée, lorsque Noé, comprenant l'imminence du danger, pria le serpent de lui venir en aide. Celui-ci obtempéra à son désir ; il prit la place de la planche brisée et obstrua la voie d'eau. C'est ainsi que l'arche put continuer de voguer jusqu'à Djezireh, où elle s'arrêta.

Les Yézidiz ont l'Ancien Testament en grande vénération et croient à la cosmogonie de la Genèse, au Déluge et aux autres évènements racontés dans la Bible. Ils ne rejettent ni le Nouveau Testament ni le Koran ; mais ils ont pour ceux-ci moins de respect. Ils regardent Mahomet comme un prophète tout comme Abraham et les Patriarches.

Si un Chrétien demande à un Yézidiz quelle est sa religion, il répond quelquefois qu'il est *Issani*, c'est-à-dire de la religion de Jésus, et par conséquent qu'il est chrétien. — A l'appui de cet aveu, ils rendent un culte au tremble, parce que, disent-ils, la croix de Jésus était faite avec le bois de cet arbre. — Si on leur reproche d'être pillards, ils disent que Jésus leur a permis de piller, en souvenir du voleur crucifié à sa droite. — Enfin ils croient que le Christ gouvernera le monde, mais après que Sheikh-Medi sera venu lui-même lui donner une juridiction spéciale sur ceux qui parlent leur langue.

Les Yézidiz croient à l'immortalité de l'âme et à la métempsycose. — Le monde, selon eux, a eu des créations antérieures successives ; nous sommes dans la soixante-dixième. — Chaque création doit durer dix mille ans, sans qu'ils puissent se rendre bien compte des conditions dans lesquelles ces révolutions s'accompliront.

Nous rapporterons maintenant quelques renseignements qui sont fournis par M. Cazandjian et qui ne manquent pas d'intérêt.

Les Yézidiz espèrent, d'après lui, revenir au monde sept ans après leur mort sous la forme d'hommes, de chevaux, de moutons, de chiens, selon les actes de leur vie, c'est-à-dire que le juste reviendra en homme et le plus grand pécheur en chien ; les autres en divers animaux, selon la gravité de leurs fautes ; mais ils ne renaissent sous la forme humaine qu'après avoir passé soixante-douze ans dans l'éternité, où ils reçoivent le châtiment ou la récompense.

Les Kurdes qui professent la même doctrine prétendent se reconnaître les uns les autres après leur métempsycose ; mais les Yézidiz pensent que la longueur du stage dans l'éternité ne leur permet pas toujours de reconnaître leurs contemporains. — Cependant les Sheikhs, qui vivent en général quatre-vingt ou cent ans et quelquefois plus, peuvent avoir ce privilège.

D'un autre côté, on dit que tous les membres de la communauté jouissent de cette faculté. A l'appui d'une pareille doctrine, il fallait apporter des preuves qui ne pouvaient se produire que par un miracle ; or ce miracle n'a pas fait défaut. — Voici ce que j'ai appris moi-même d'un voyageur qui avait recueilli cette légende dans les environs de Mossoul. On raconte, m'a-t-il dit, que trois jeunes gens, trois frères, partis du Sindjar, vinrent à Sheikh-Adi pour accomplir leur pélérinage. Un petit enfant de sept ans les voyant passer dit aux trois jeunes gens : « Je vous connais bien, vous êtes mes fils. » — Soit, répondirent-ils ; mais tu vas nous le prouver. — Le Sheikh intervint et mit l'enfant en demeure de faire sa preuve. — Celui-ci accepta, et dit à son tour : « La maison que j'occupais dans mon existence antérieure est située à tel endroit dans le Sindjar ; elle y est encore. » Il en fit la description ; puis il ajouta : « J'avais alors un fils prodigue, votre père ; de peur qu'il ne dissipât ma fortune, je l'ai enfouie dans un endroit que je puis retrouver, et elle y est encore. » — Alors le Sheikh ordonna à l'enfant de conduire les trois frères dans le Sindjar. Celui-ci, arrivé au lieu indiqué, prit une pioche, alla sans hésiter à la cachette et déterra le trésor qu'il remit à ses trois petits-fils.

Cette anecdote ajoute peu sans doute aux légendes que nous avons recueillies sur les idées religieuses attribuées aux Yézidiz ; mais nous avons cru devoir ne rien écarter de ce qui est parvenu à notre connaissance. Il en résulte que la religion des Yézidiz présente un singulier mélange de mazdéisme, de sabéisme, de christianisme et de mahométisme avec une teinture des doctrines des Gnostiques et des Manichéens ; mais il nous paraît impossible de reconnaître au milieu de tout cela l'idée fondamentale de leur religion, en l'absence d'un document précis sur lequel on pourrait s'appuyer.

Les Yézidiz ont cependant un *Livre* que nous ferons connaître, avant de nous prononcer définitivement sur les croyances de cette secte.

XI

Sheikh-Adi

Lorsque Badger visita le sanctuaire de Sheikh-Adi, en 1844, aucun Européen n'avait encore été admis dans l'enceinte sacrée. Il fut accueilli par un *nazir* et deux desservants du temple qui lui permirent sans difficulté d'étendre ses tapis dans la cour extérieure ; il en profita pour lier conversation avec eux, afin de se renseigner sur le caractère religieux de la secte et de découvrir autant que possible le fond des croyances. Badger rapporte en substance le résultat de sa conversation, à laquelle il donne la forme d'un véritable interrogatoire que nous consignons ici [1].

D. Où est Sheikh-Adi ?
R. Où est Jésus ? ou est Mahomet ? où est Ali ?
D. Jésus est partout ; mais qu'ont-t-ils de commun avec Sheikh-Adi ?

---

1. Voir Badger, *Nestorians and their Rituals*, I. p. 108.

R. Si Jésus est partout, Sheikh-Adi est aussi partout.

D. D'où vient Sheikh-Adi ? — Quel était son père ?

R. Sheikh-Adi n'a pas de père.

Comme Badger manifestait quelque surprise de cette réponse, le Nazir ajouta : Pourquoi vous étonner ? — Jésus a-t-il eu un père ? — Badger lui répondit qu'il n'en avait pas eu, en effet ; et l'entretien continua.

D. Quelle était sa mère ?

R. Il n'a pas de mère !

D. Alors vous le croyez plus grand que Jésus dont la mère est la Sainte Vierge Marie ?

R. Certainement : Sheikh-Adi est plus grand que Jésus. — Il n'a pas de parents et vient de la Lumière.

D. Quand est mort Sheikh-Adi ?

R. Il n'est pas mort et ne peut mourir.

D. Qu'advient-il de vous après la mort ?

R. Je n'en sais rien.

D. Croyez-vous au Ciel et à l'Enfer ?

R. Oui.

D. Quel est l'auteur du Bien ?

R. (Le plus âgé des desservants.) Khoodé (mot Kurde qui signifie Dieu) ou Sheikh-Adi.

D. Quel est l'auteur du Mal ?

R. Melek-Taous.

D. Le mal doit-il finir ?

R. Est-ce que le mal finira tant que le monde continuera d'exister ?

D. Le monde n'aura-t-il pas une fin ?

R. Oui.

D. Combien de temps doit durer le règne du Bien ?

R. Le règne du Bien doit durer soixante-dix ans.

D. Que deviendra alors Melek-Taous ?

R. Dieu lui donnera une autre place.

D. Est-il vrai que l'adultère soit permis entre vous ?

R. (Le plus jeune des desservants). Oui ; les hommes et les femmes peuvent faire ce qu'ils veulent, quand ils sont dans l'enceinte de Sheikh-Adi.

D. Sheikh-Adi a-t-il commis l'adultère ?

R. Dieu me pardonne ! Jésus a-t-il commis pareille chose ?

D. Non ; il ne l'a jamais permis aux siens ; mais, d'après vous, ce serait permis avec l'autorisation de Sheikh-Adi ?

Ici, le plus âgé des desservants intervint pour contredire son compagnon ; et désignant alors une pierre du monument, il s'adressa à Badger : « Quand les Yézidiz passent cette limite, dit-il, ils sont tenus d'oublier ces choses ».

D. Etes-vous marié ?

R. Non.

D. A qui est le fils qui vous suit ?

R. A mon frère.

D. Vous permet-on de vous marier ?

R. Oui ; le Nazir seul n'est pas autorisé à avoir de femme.

D. Pourquoi allumez-vous des lampes devant les tombes ?

R. En signe de respect.

D. Quand recevez-vous un nom ?

R. Dès que nous sommes nés.

D. Où êtes-vous circoncis ?

R. Au village où nous naissons.

D. Quand êtes-vous plongés dans l'eau ?

R. Quand nous venons pour la première fois à Sheikh-Adi et toutes les fois que nous nous y rendons ensuite.

D. Quelles prières faites-vous à la fête des Pèlerins ?

R. Nous ne prions pas ; les Cawals prient, mais nous ne savons pas ce qu'ils disent.

D. Ne faites-vous pas vos prières devant le soleil ?

R. Oui ; au lever et au coucher du soleil.

Ici s'arrête le procès-verbal de Badger. — Les demandes ne seraient peut-être pas désavouées par un juge d'instruction ; mais les réponses qu'il a pu consigner à loisir ont dû bien peu le satisfaire ! Elles ne lui ont rien appris que ce que toute conversation analogue avec un Sheikh lui eut procuré ; elles ont cependant un mérite relatif, puisqu'elles nous donnent les premières notions recueillies sur cette secte de la bouche même d'un des adhérents.

Je ne sais pas si c'est d'après cet interrogatoire que Badger a pu déclarer que les Yézidiz n'étaient ni communicatifs ni francs, quand on leur parlait de leur religion ; mais je doute qu'il eût obtenu des réponses plus satisfaisantes s'il eut interrogé de la même manière quelque gardien des églises nestoriennes, et qu'il eut voulu lui faire expliquer le point fondamental de son hérésie ? d'un autre côté, est-il sûr qu'il se soit toujours bien fait comprendre et qu'il ait bien compris les réponses qu'on lui faisait ?

XII

Mélek-Taous

Nous avons déjà eu l'occasion de prononcer plusieurs fois le nom de *Mélek-Taous*, et, d'après les réponses des nazirs aux questions de Badger, on serait tenté de croire que ce mot cache le nom de la divinité principale du culte des Yézidiz. — Il y a là une erreur qui est parfaitement élucidée ; on peut se faire aujourd'hui une juste idée de ce nom et de l'objet auquel on l'applique.

Il ne faut pas être surpris qu'une secte ignorante, qui a tout à craindre de la curiosité intéressée de ceux qui l'observent et qui ne voit autour d'elle que des ennemis avides de prétextes pour la persécuter, se tienne sur une grande réserve, quand on l'interroge sur son culte et les symboles qui lui sont chers ; surtout si ce symbole, comme celui dont nous nous occupons maintenant, touche à la fois à ses intérêts temporels et spirituels.

Mélek-Taous, « le Roi Paon », n'est pas le nom d'une divinité ; ce n'est pas non plus la représentation du Génie du Bien ou du Génie du Mal. C'est un *Sinjak* « une bannière », qui emporte avec elle un caractère sacré et qui donne à ceux qui en sont munis un pouvoir spécial pour accomplir les actes de leurs fonctions, lorsqu'ils vont recueillir des offrandes pour les besoins de la communauté. Voilà pourquoi il est prudent de ne pas le montrer à tout le monde et qu'on le conserve au fond des sanctuaires, pour ne l'en faire sortir que dans des circonstances déterminées.

M. Badger paraît être le premier Européen admis à le voir[1]. Il se trouvait dans les villages de Baa-Shiekhah et de Baazani. C'était en avril 1850 ; on célébrait alors la fête des Sheikhs.

Les Yézidiz ont un culte particulier pour d'anciens Sheikhs auxquels ils ont élevé des tombes. Cependant ils ne savent pas préciser l'époque à laquelle ils ont vécu. Les noms sous lesquels ils sont connus particulièrement sont ceux de Sheikh-Abou-Bekr, de Sheikh-Mohammed, ou autres noms d'origine musulmane, bien que les Yézidiz affirment que ces Sheikhs sont antérieurs à Mahomet. Il est du reste impossible d'obtenir un renseignement précis sur leur existence ; dans tous les cas, les Yézidiz vénèrent les lieux où les Shaks sont élevés, comme si c'étaient les tombes véritables de leurs saints ; une lampe y est allumée toute la nuit et les Cawals s'assemblent

---

1. Voir Badger, *Nestorians and their Rituals*, I. p. 119.

au coucher du soleil, le lundi et le mardi de chaque semaine, pour brûler de l'encens sur la tombe.

En se dirigeant vers le lieu de la cérémonie, les voyageurs mentionnent un petit monument qui avait été récemment élevé par les Yézidiz et dont l'érection avait été provoquée, paraît-il, par le Mauvais Génie. Il était apparu dans un songe et avait déclaré que, si on lui élevait un autel, toutes les personnes atteintes d'une maladie de la peau seraient guéries, en se frottant avec de la poussière prise au pied du monument.

Après avoir jeté un coup d'œil sur cet autel, les voyageurs continuèrent leur route vers le reliquaire de Sheikh-Mohammed. Ils s'arrêtèrent auprès de la fontaine où les femmes étaient occupées à faire leurs ablutions, puis ils se dirigèrent vers la tombe de Sheikh-Mohammed située dans un bosquet d'oliviers. C'est là que les fêtes devaient avoir lieu. Une partie de la cour était transformée en cuisine, et les Yézidiz étaient occupés à tuer une dizaine de moutons destinés à être mangés dans l'après-midi par les membres de la communauté. Il y avait aussi une ample provision de nourriture fournie par les habitants du village, suivant leurs moyens, et destinée à être distribuée aux pauvres. Les voyageurs pénétrèrent ensuite dans le réduit par une petite entrée, et y trouvèrent une sorte de reliquaire incrusté de nacre dans lequel on leur dit que devaient être enfermés les restes du saint Sheikh. L'enclos autour de la chapelle contenait encore plusieurs tombes et un certain nombre de petits appartements. Dans le village, les maisons étaient

6

décorées avec des fleurs rouges d'anémones sauvages ; cette pratique avait pour objet de se rendre favorable le Mauvais Principe et d'écarter les malheurs pendant toute l'année.

Cependant Melek-Taous était attendu, et M. Badger désirait profiter de cette circonstance pour tâcher de le voir et de recueillir des renseignements à son sujet. Il arrivait précisément, et les voyageurs se dirigèrent alors avec les Yézidiz au-devant des messagers qui apportaient le symbole mystérieux. En atteignant la limite extérieure du village, ils entendirent le son de la musique et virent une procession qui s'avançait lentement: c'était le Sinjak qui arrivait ainsi au bruit assourdissant des flûtes et des tambourins.

Deux Pirs précédaient le porteur de Mélek-Taous ; ils avaient des encensoirs entre les mains et les agitaient de côté et d'autre, en remplissant l'air de l'odeur de l'encens. Les spectateurs se prosternaient sur leur passage, en prononçant quelques prières indistinctes ; puis ils passaient les mains dans la fumée des parfums et se frottaient les bras et la figure. C'est ainsi que le Sinjak fut porté à la maison de l'ancien *Kiahya* ou chef du village. Il y resta deux jours, pendant lesquels la fête de Sheikh-Mohammed fut suspendue.

M. Badger ayant demandé à voir le mystérieux objet, on lui accorda cette permission ; il pût même l'examiner tout à son aise, suffisamment pour pouvoir en faire un dessin de souvenir.

1. Voir Badger, *Nestorians and their Rituals*, p. 124.

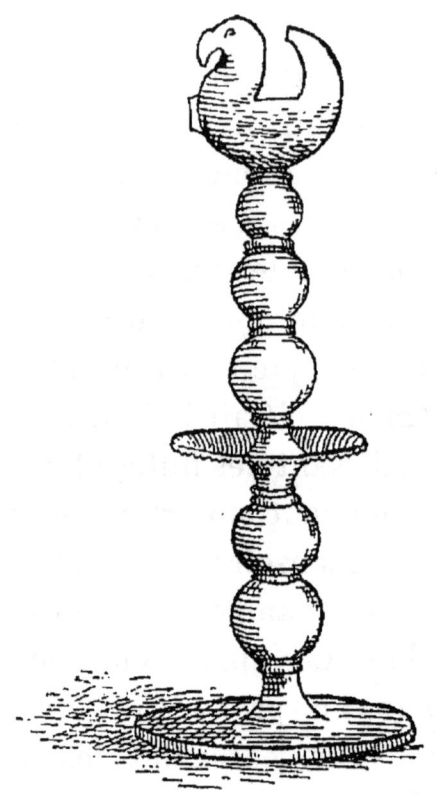

MÉLEK-TAOUS

(d'après Layard, N. B., p. 48).

Sir H. Layard eut également l'occasion de voir Mélek-Taous dans des circonstances analogues. Il se trouvait à Redwan, précisément au moment où s'étaient réunis pour la perception des offrandes les prêtres yézidiz, porteurs du sacré symbole. Layard était accompagné du Cawal Yusuf, et les services qu'il avait rendus aux Yézidiz firent accueillir sa demande avec empressement, dès qu'il manifesta le désir de le voir. Il fut conduit un matin de bonne heure dans une chambre obscure de la maison du Nazir, le gardien auquel on avait confié le précieux dépôt. Lorsque ses yeux se furent accoutumés pendant quelque temps à l'obscurité, il finit par distinguer un objet sous lequel on avait étendu une couverture rouge. A leur entrée, les Cawals s'en approchèrent avec de grandes marques de respect, en embrassant le bord du tapis sur lequel il était placé [1]. C'était un chandelier en cuivre jaune brillant semblable à tous les chandeliers communément employés à Mossoul; il était surmonté de l'image informe d'un oiseau de même métal ressemblant plutôt aux idoles de l'Inde ou du Mexique qu'à un coq ou à un dindon. Sa facture particulière indiquait quelque antiquité; mais il ne présentait aucune trace d'inscription. — Devant ce symbole, il y avait une coupe en bronze pour recevoir les offrandes des fidèles et une boîte destinée à le renfermer ainsi que le chandelier, quand on les transportait d'un lieu dans un autre.

Les Yézidiz ont plusieurs exemplaires de Mélek-

---

1. Voir Layard, *Nineveh and Babylon*, p. 48 et suivv.

6.

Taous qui sont conservés à Sheikh-Adi, et tous les ans les Sheikhs les remettent aux Cawals pour aller recueillir les offrandes. — Ces insignes sont alors l'objet d'une véritable adjudication ; on les met aux enchères ! Leur caractère sacré se révèle par l'importance des enchères dont la première adjudication est l'objet, parce que celui qui l'obtient jouit de toutes les faveurs attachées à la possession du symbole ; de là, une concurrence qui n'est pas toujours exempte de troubles.

Lorsque tous les districts sont pourvus, chaque Cawal part avec un Mélek-Taous pour les cantons qui lui sont désignés. Le même privilège de sainteté est attaché à celui qui offre la plus grande redevance et qui obtient ainsi le privilège d'abriter le symbole sacré. — De là encore des concurrences, des conflits souvent accompagnés de rixes et dans lesquels le sang coule quelquefois.

Les Yézidiz affirment que, malgré les guerres, les massacres dont ils ont été victimes et les attaques que leurs prêtres ont eu à subir pendant leurs voyages, aucun Mélek-Taous n'est tombé entre les mains des Musulmans. Cawal Yusuf, le fidèle compagnon de Layard, lui raconta qu'un jour, porteur du Sinjak, en traversant le désert pour aller accomplir sa mission dans le Sindjar, il aperçut un corps de Bédouins qui s'avançait vers lui. Il s'empressa d'enterrer Mélek-Taous, et ayant été volé et dépouillé par les Arabes, il pût cependant le retrouver et l'amener sain et sauf à destination.

Comme on le voit, Mélek-Taous n'est ni un Dieu, ni même son symbole. C'est un insigne auquel les Yézidiz obéissent au même titre que nous obéissons à un ordre de justice scellé du sceau national. Ils le conservent et le vénèrent en outre comme une marque de ralliement ; enfin ils le considèrent comme une bannière pour laquelle ils combattent et meurent au besoin. — Dès lors, cet insigne sacré réclame le respect de tous ceux qui comprennent l'autorité du Droit, l'honneur du Drapeau et la vénération due aux Martyrs qui le défendent.

XIII

Le Livre

Nous avons déjà signalé à plusieurs reprises la profonde ignorance dans laquelle les Yézidiz sont plongés, suivant les missionnaires de toutes les communions. C'est à peine, disent-ils, si quelques-uns de leurs prêtres peuvent comprendre les prières qu'ils récitent et recourir aux Livres saints qui contiennent les formules dont ils doivent se servir et les règles applicables aux cérémonies du culte ! — Soyons indulgents ; car ces reproches pourraient peut-être recevoir de tristes applications, si ceux-là qui les leur adressent faisaient un retour sur eux-mêmes...

La langue communément en usage parmi les Yézidiz est le dialecte kurde, et très peu parmi eux, il est vrai, excepté les Sheikhs et les Cawals, ont quelque connaissance de l'arabe. Leurs chants et leurs prières sont cependant en arabe, et le commun des fidèles les récite sans les comprendre. Cette ignorance est le partage de bien des sectes, et l'on ne saurait en faire un reproche aux Yézidiz, lorsque leur ignorance provient plutôt du manque de moyens de s'instruire que d'une mauvaise volonté intentionnellement calculée. Quoiqu'il en soit, les Yézidiz ont des hymnes et des prières, et enfin ils peuvent montrer un *Livre* qui renferme, selon eux, le code de leur doctrine.

L'existence de ce Livre est et a été fort contestée ; lorsqu'on le produit, le plus grand reproche qu'on fait aux Yézidiz à son égard, c'est qu'il paraît d'une rédaction récente et qu'il n'aurait été fabriqué que pour faire illusion aux Musulmans qui affectent de distinguer dans leurs guerres contre les infidèles ceux qui ont un Livre, c'est-à-dire une tradition écrite, et ceux qui n'en ont pas. Distinction bien illusoire, qui n'a guère protégé les Juifs ou les Chrétiens !

Quoiqu'il en soit, les Yézidiz se prétendent en possession d'un Livre et n'en font point mystère. Badger et Layard l'ont vu et nous en donnent la description et même la traduction. Ce Livre est écrit en arabe et se compose de quelques feuillets qui ne présentent aucun caractère d'antiquité ; il contient une sorte de rapsodie poétique sur le mérite et les attributs d'un saint, Sheikh-Adi, qui paraît alors identifié avec la divinité.

Nous avons sous les yeux les deux traductions de ce poème ; — l'une a été publiée par M. Badger, d'après celle de Ch. Rassam ; — l'autre se trouve dans l'ouvrage de Layard, d'après la traduction faite par M.

Hormuzd Rassam. Ces deux traductions sont identiques au fond et ne diffèrent que par quelques variantes. Nous avons adopté la version de Layard, parce qu'elle est postérieure à celle de Badger, et que les rares passages où elle s'écarte de la précédente sont intentionnellement corrigés, ce qui donne ainsi un sens plus exact de l'original[1].

Le Poème de Sheikh-Adi

Que la Paix soit avec lui !

1. — Ma science embrasse la vérité des choses,

   Et ma vérité est mêlée en moi.

   Et la vérité de mon origine est publiée par elle-même ;

   Et quand elle a été connue, elle était déjà en moi.

5. — Tous ceux qui peuplent l'univers me sont soumis ;

   Et toutes les régions habitées et désertes,

   Et toutes choses créées me sont soumises.

   Et je suis la puissance souveraine précédant tout ce qui existe.

---

1. Voir Badger, *Nestorians and their Rituals*, I, p. 113. — Layard, *Nineveh and Babylon*, I, p. 89.

Et je suis celui qui a prononcé une parole de vérité.

10. — Et je suis le Juge juste et le dominateur de la terre (Bat'ha).

Et je suis celui que les hommes adorent dans ma gloire,

Et qui viennent vers moi pour embrasser mes pieds.

Et je suis celui qui a déployé sur les cieux leur grandeur,

Et je suis celui qui a crié au commencement (ou dans le désert, Al bidaee).

15. — Et je suis le Sheikh, le seul et l'unique.

Et je suis celui qui de moi-même révèle toutes choses.

Et je suis celui à qui est parvenu le livre des Bonnes Nouvelles,

De la part de mon Seigneur qui embrase (ou divise) les montagnes.

Et je suis celui vers qui viennent toutes les créatures humaines

20. — Embrasser mes pieds par soumission.

J'engendre le fruit du premier suc de la jeunesse précoce,

Par ma présence, et je fais venir vers moi mes disciples.

Et devant sa lumière les ténèbres du matin se sont dissipées.

Je guide celui qui demande un guide,

25. — Et je suis celui qui a fait habiter Adam dans le Paradis,

Et Nemrod dans une fournaise ardente (l'Enfer).

Et je suis celui qui a guidé Ahmed le Juste

Et l'a conduit dans mon sentier et ma voie.

Et je suis celui vers lequel toutes les créatures

30. — Viennent chercher mes bons exemples et mes dons.

Et je suis celui qui a visité toutes les hauteurs, (ou qui possède toute majesté).

Et la bonté et la charité procèdent de ma miséricorde.

Et je suis celui qui a fait que tous les cœurs craignent

Mes desseins, et ils ont augmenté le pouvoir et la grandeur de ma majesté.

35. — Et je suis celui vers lequel est venu le lion destructeur

Plein de rage, et j'ai poussé des cris contre lui,
et il a été changé en pierre.

Et je suis celui vers lequel le serpent est venu,

Et par ma volonté, je l'ai réduit en poussière.

Et je suis celui qui a frappé le rocher et l'a fait trembler,

40. — Et a fait surgir de son flanc la plus douce des ondes.

Et je suis celui qui a envoyé ici-bas la vérité vraie.

Le livre qui console l'opprimé est venu de moi.

Et je suis celui qui a jugé justement ;

Et quand j'ai jugé, c'était mon droit.

45. — Et je suis celui qui a donné aux sources une eau

Plus douce et plus agréable que toutes les eaux.

Et je suis celui qui l'a fait jaillir par ma miséricorde ;

Et par ma puissance, je l'ai appelée la pure (ou la blanche).

Et je suis celui à qui le Seigneur du Ciel a dit :

50. — Tu es le Juste Juge et le maître de la terre (Bat'hai).

Et je suis celui qui a révélé quelques-uns de mes prodiges.

Et quelques-unes de mes vertus sont manifestées dans ce qui existe.

Et je suis celui qui a fait que les montagnes se sont inclinées

Et déplacées à ma volonté.

55. — Et je suis celui devant la majesté terrible duquel les bêtes sauvages ont crié ;

Elles se sont tournées vers moi pour m'adorer et ont embrassé mes pieds.

Et je suis Adi Es-shami (ou de Damas), le fils de Moosafir [1].

C'est en vérité le Miséricordieux qui m'a donné mes noms,

Le trône céleste, le siège et les sept (cieux), et la terre.

60. — Dans le secret de ma science, il n'y a de Dieu que moi.

---

1. D'après une tradition répandue chez les Yézidiz, Sheikh Moosafir était un vénérable personnage, dont la mère était native de Busrah.

Toutes choses sont subordonnées à mon pouvoir.

Et à cause de cela, vous ne renierez pas ma direction.

O hommes ! ne me reniez pas, mais soumettez-vous ;

Au jour du Jugement, vous serez heureux de me retrouver.

65. — Celui qui meurt dans mon amour, je le placerai au milieu du Paradis, suivant ma volonté et mon bon plaisir ;

Mais celui qui mourra, oublieux de moi,

Sera jeté dans les tourments, la misère et l'affliction.

Je dis que je suis l'Unique et le Sublime.

70. — Je crée et enrichis ceux que je veux.

Louange à moi, car toutes choses existent par ma volonté ;

Et l'univers est éclairé par quelques-uns de mes dons.

Je suis le roi qui s'exalte lui-même ;

Et toutes les richesses de la création sont à mes ordres.

75. — Je vous ai fait connaître, ô Peuple, quelques-unes de mes voies.

Qui me désire doit abandonner le monde.

Et je puis dire aussi la vérité :

Et le Jardin là-haut est réservé à ceux qui accomplissent mon bon plaisir.

J'ai cherché la vérité, et je suis devenu la vérité établie ;

80. — Et par une vérité semblable, ils posséderont la plus haute place à côté de moi.

Tel est le Livre dont les Yézidiz invoquent la possession, pour répondre aux exigences des Musulmans, qui d'ailleurs n'en tiennent aucun compte. Avant le grand massacre de la secte par Beder Khan Bey, les Yézidiz avaient, disent-ils, un Livre plus complet ; mais des fragments en ont été perdus pendant le désastre général ou ont été détruits par les Kurdes. Les Cawals prétendent même que, au moment où Layard et Badger les ont visités, le grand ouvrage existait encore, et qu'il devait y en avoir un exemplaire à Baashiekhah ou à Baazani ? Cette opinion n'est pas dénuée de fondement, car on voit que le Poème de Sheikh-Adi fait allusion au *Livre des Bonnes Nouvelles* et au *Livre qui relève les opprimés* ; or ces livres ne se retrouvent plus aujourd'hui. Nous n'avons pas à en discuter ici l'existence. Nous nous demanderons seulement quelle peut être, par rapport au dogme des Yézidiz, la valeur religieuse du poème de Sheikh-Adi ? — Nous n'hésitons pas à déclarer que, pour eux, elle est tout aussi considérable que pour les étrangers. C'est dans ce livre seul qu'il faut rechercher les principes fondamentaux de leur culte. — Ainsi tombent, selon nous, toutes les légendes dont les Yézidiz ont été l'objet ; nous n'avons besoin que de nous en tenir au document qu'ils présentent comme le symbole de leurs croyances.

Nous répondrons maintenant en quelques mots aux doutes qu'on peut élever sur son authenticité, pour lui enlever la haute autorité d'un Livre sacré vis-à-vis des autres sectes. — L'époque de sa rédaction est incertaine ? — C'est vrai. — On ne saurait la faire remonter à l'origine de la secte ? — C'est vrai. — L'auteur est inconnu ? — C'est vrai. — Le poème est écrit dans une langue que les fidèles ne comprennent pas ? — C'est encore vrai. — Mais que faut-il conclure, malgré ces objections ? — C'est que les Yézidiz tiennent leur Livre pour sacré et qu'ils professent à son égard la vénération de tous les fidèles pour leurs Livres saints ; or cela suffit. Quelle que soit son origine, s'il est accepté et imposé par le Chef des Prières (le *Peesh Namaz*), il devient par cela même le Code de la secte. — « L'histoire, dit Michelet, dépose incessamment son œuvre dans une *Bible* commune ; chaque peuple y écrit son verset ! » Paix soit aux humbles qui se contentent d'une ébauche !

J'ai fait connaître ce document tel qu'il se présente, tel que les Yézidiz l'ont reçu du Sheikh inconnu qui leur a apporté les *Bonnes Nouvelles;* il a donc pour eux tous les caractères des autres Bibles. Aussi, quand ils l'invoquent auprès des Musulmans, il est facile de voir que les raisons qu'on leur oppose ne sont que des prétextes spécieux ; car les Yézidiz ont toujours été confondus dans les mêmes persécutions avec les Nestoriens et les Juifs, dont les Livres anciens et reconnus n'ont jamais arrêté le fanatisme de leurs ennemis.

XIV

Quelques Pratiques particulières

Si nous n'avons pu préciser jusqu'ici le dogme des Yézidiz, malgré le *Livre* dont nous venons de prendre connaissance, il est aussi difficile de le déterminer d'après les cérémonies du culte.

L'ignorance des prêtres et des fidèles couvrant seule les secrets qu'on leur prête, on devra comprendre que c'est en vain que nous nous efforcerions de les pénétrer.

Les Yézidiz n'ont ni temples ni mosquées; ce sont les maisons des Sheikhs qui leur servent de sanctuaires. Les hommages qu'ils rendent à *Yézid* ou *Sheikh-Adi*, que nous pouvons regarder comme les représentants de la divinité, sont de deux sortes : les uns directs, — les autres indirects ; — les premiers consistent dans la récitation des prières ou l'observance de certains rites ; — les seconds, dans l'abstention de tout ce que leur loi défend. — Les prières sont exclusivement empruntées à des fragments du poëme de Sheikh-Adi et récitées traditionnellement dans les principales fêtes par les Cawals, les musiciens, les hiérophantes de la secte, au son des flûtes et des tambourins, sur un rythme qui rappelle vaguement la psalmodie de quelques prières chrétiennes.

Les fêtes des Yézidiz sont assez nombreuses. Nous avons déjà mentionné celle des Sheikhs, qui a lieu deux fois par an dans les principaux villages. Il y a en outre quarante jours fériés au printemps. Il est vrai qu'ils sont observés par bien peu de personnes ; les Sheikhs seuls s'y conforment rigoureusement. Pendant cette période, ils doivent, comme les Chaldéens, s'abstenir de toute nourriture animale ; pendant un autre mois de l'année, ils mangent seulement une fois en vingt-quatre heures, immédiatement après le coucher du soleil.

Quand un Yézidiz se lève le matin, il se tourne vers l'Orient, et, les mains élevées, il incline trois fois la tête devant l'astre qui apparaît à l'horizon ; puis il baise ses ongles, porte les mains sur sa tête, et ses devoirs religieux sont accomplis pour toute la journée.

Au commencement de l'automne, lorsque l'étoile que nous nommons Vénus brille le matin, le Yézidiz fait une attention scrupuleuse à sa première apparition, car alors aucun être vivant ne doit se tenir dehors sous peine d'être frappé d'une maladie incurable. — Chaque famille, suivant ses moyens, sacrifie un mouton blanc en l'honneur de cette étoile, qui annonce l'apparition de l'hiver ; c'est le moment où les Yézidiz quittent les montagnes et viennent se renfermer dans leurs maisons.

M. Cazandjian donne quelques détails particuliers sur des pratiques religieuses que nous n'avons trouvées nulle part ailleurs que dans son livre [1], cité par M. Minassé Tchéraz ; nous croyons devoir les consigner ici.

« Les Yézidiz n'ont accepté ni l'Evangile ni le Koran. Toute cette race, dit-il, évite le luxe et vit sans souci du lendemain ; elle construit son habitation avec des roseaux et ne fait rien de durable. — Elle feint de jeûner et de prier avec les Musulmans, de faire maigre et de célébrer les fêtes chrétiennes avec les Chrétiens, pour se concilier les uns et les autres. Les mœurs de ces Saducéens, (c'est ainsi qu'il les appelle), sont dissolues, surtout celles de leurs rusés Sheikhs, qui fument l'esrard, disent la bonne aventure et exploitent le peuple ».

M. Cazandjian indique également certaines divisions qui ne nous paraissent basées que sur des pratiques religieuses particulières ; toutefois nous les relèverons également.

Les Yézidiz sont divisés, d'après lui, en quatre tribus qui s'appellent : *Chemsi*, *Kirazi*, *Edjili* et *Alévi*.

Les *Chemsi* se lèvent dès l'aube, se lavent, s'habillent et attendent le lever du soleil. Lorsque ses

---

[1]. Voir Minassé Tchéraz, *Les Yézidiz, etc.*, dans le *Muséon*, T. IX, n° 2, p. 194.

rayons paraissent, ils se jettent à terre, embrassent le sol, pleurent, sanglotent, prient et rentrent chez eux.
— Si un rayon tombe sur ces sectaires, ils en ressentent une joie extrême et se mettent tous à prier ; s'ils sont surpris en voyage par le clair de lune, ils allument une lanterne pour ne pas paraître adorer cet astre. — Ils s'abstiennent de faire leurs besoins naturels dans la lumière du soleil ; ils s'attristent fort quand il est couvert et se réjouissent quand il pleut.
— Ils vénèrent l'arc-en-ciel et honorent les sept couleurs du soleil ; enfin ils prennent le deuil à chaque éclipse prédite par leurs rusés Sheikhs (*sic*).

Les *Kirazi*, au contraire, adorent la lune de la même manière ; mais l'obscurité de la nuit donne à leurs cérémonies plus de solennité.

Les *Edjili*, qui représentent plus particulièrement les Yézidiz, adorent le Bœuf (d'après M. Cazandjian) et le regardent comme un intermédiaire entre Dieu et l'homme. L'auteur entre encore dans des détails que nous croyons inutiles de rapporter, car M. Minassé Tchéraz prévient dans une note que M. Cazandjian a été induit en erreur à ce sujet par l'analogie apparente du mot *Yezid*, avec le mot arménien *Yez* qui signifie « Bœuf », comme *Azi* dans la langue de l'Avesta [1].

Les *Alévi* ont du respect pour le soleil et même pour la lune et le bœuf (?) ; mais ils les considèrent comme les créatures d'Ali. Ils croient que le Dieu apparaît

---

1. Voir Minassé Tchéraz, déjà cité, p. 105.

à leurs chefs trois fois par semaine, le vendredi sous la forme de Mahomet, le samedi sous celle de Moïse et le dimanche sous celle de Jésus. Ali leur donne alors des instructions, afin qu'ils les transmettent au peuple.

Le 24 janvier (12/24) est le grand jour pour les quatre tribus, bien qu'elles n'en sachent pas l'origine. Quelques-uns croient que c'est la date du jour de la création du monde ; d'autres, que c'est l'anniversaire de la naissance du premier homme.

———

J. C.

XV

Vallée de Sheikh-Adi

Le village de Sheikh-Adi, où se trouvent le sanctuaire et la tombe du Saint, objets du culte spécial des Yézidiz, est situé à 20 milles à l'Est de Rabban-Hormuzd, dans le même groupe de montagnes, mais un peu plus au Nord. Pour y arriver, on suit un ravin profond traversé par un ruisseau limpide bordé de chênes, de peupliers et d'oliviers formant une avenue ombragée qui conduit au temple, dont les toits en forme de cônes d'une blancheur éclatante s'élèvent à une certaine distance au milieu du vert feuillage et donnent un air de gaîté au paysage solitaire qui s'étend tout autour. — En suivant le cours du ruisseau, après avoir passé sous une arche formée par des rochers, on rencontre deux larges bassins alimentés par deux sources venues des hauteurs voisines et sur lesquelles on a élevé deux légères constructions. En tournant à droite, on entre dans la cour extérieure du temple ombragée par des mûriers

VALLÉE DE SHEIKH-ADI

(d'après Layard, N. B., p. 80).

aux branches étendues qui projettent leur ombre sur huit enfoncements pratiqués de chaque côté du mur pour servir de boutiques pendant la saison des pélerinages. Sur la colline environnante, se dressent de nombreuses constructions de forme pittoresque destinées à recevoir les pélerins.

En arrivant dans cet endroit, M. Badger, à qui nous allons emprunter la description suivante, fut salué par le *Nazir*, c'est-à-dire le gardien du sanctuaire accompagné de deux serviteurs et de plusieurs femmes attachées au temple, qui le reconnurent sur le champ pour l'avoir vu six mois auparavant[1].

« Ces femmes portaient un large turban uni de coton blanc et une longue robe de laine de même couleur. Les serviteurs avaient un costume qui consistait en une blouse de laine noire serrée tout autour de la taille par une ceinture de cuir; ils étaient coiffés d'un turban noir. Le costume du *Nazir* était de même étoffe, mais son turban était blanc ; à sa ceinture formée d'une suite d'anneaux de cuivre attachés l'un à l'autre par un crochet de même métal, pendait une petite hache. Cette chaîne et le turban paraissaient être les insignes de sa charge ».

On entre dans la cour intérieure du sanctuaire par un passage couvert conduisant à deux cabanes, où les visiteurs sont priés d'ôter leurs chaussures. Le mur de l'édifice forme la limite Ouest de la cour du temple ; il est décoré d'une quantité de figures

---

1. Voir Badger, *Nestorians and their Rituals*, I, p. 105.

symboliques grossièrement sculptées, parmi lesquelles on distingue un serpent, un lion, une hachette, un homme et un peigne.

Le serpent est particulièrement remarquable par sa taille : il est sculpté sur un des piliers de la porte et fait partie de la construction primitive, tandis que les autres figures paraissent d'une exécution plus récente. Bien que ces figures aient l'apparence de symboles, les gardiens du temple ne peuvent donner aucune explication à leur sujet ; les plus savants s'accordent à reconnaître qu'elles ont été sculptées par les maçons employés à réparer la tombe et que ce sont des marques placées à la requête de ceux qui ont fourni l'argent nécessaire pour restaurer l'édifice ou qui ont contribué à l'œuvre. Les étrangers croient que c'étaient originairement des signes mystiques dont les Yézidiz ont perdu la signification et qu'ils regardent maintenant comme de simples ornements. Dans tous les cas, les fidèles n'y attachent aucune importance.

La cour est entourée, à gauche, par un mur bas et, à droite, par plusieurs petits appartements, tandis que la façade du temple ferme un rectangle qui se développe à l'Est et à l'Ouest. Dans un angle de la cour, se trouve le siège du nazir (gardien) sous une petite niche, où l'on entretient une lampe allumée pendant la nuit. Au-dessus de cette niche, on voit une inscription arabe assez incorrecte, mais dont on peut toutefois comprendre le sens. Sur un des côtés, on lit :

L'ENTRÉE DU SANCTUAIRE
(d'après Badger, *Nestorians*, I, p. 107).

« Sultan Yézid, que la miséricorde de Dieu soit sur lui ».

Sur l'autre :

« Sheikh-Adi, que la miséricorde de Dieu soit sur lui ».

M. Badger a lu sur un autre bâtiment situé dans la cour d'entrée :

« Ceci est l'épitaphe de Hajji, fils d'Ismaël. Des bénédictions sont écrites sur cette porte ; c'est pourquoi tu peux entrer en paix. Amen ».

En l'année 1195.

Le long du mur, à droite, il y a plusieurs niches vides, et, du côté opposé, une tombe en bois couverte d'un large rideau ; plus bas, on trouve dans un réduit une longue inscription dans laquelle M. Badger reconnut, à son grand étonnement, une citation tirée du chapitre du Koran appelé *Ayat el Courci*. Un peu plus loin, deux ouvertures conduisent à une série de chambres contenant chacune une tombe semblable à la précédente. Dans l'une d'elles, une porte donne accès à un appartement souterrain ; mais il ne fut pas permis aux voyageurs d'y pénétrer ; ces tombes sont surmontées de cônes du même style que ceux des autres monuments.

Dans le voisinage du temple, on aperçoit çà et là, au milieu des constructions, environ quarante à cinquante *shaks*, nom que les Yézidiz donnent aux tombes élevées à la mémoire de leurs grands Sheikhs. Presque tous les villages Yézidiz ont du reste une ou plusieurs tombes semblables qui sont de vrais cénotaphes faits d'après le modèle des monuments de Sheikh-Adi, où ils prétendent que leurs saints ont été enterrés. Ainsi, par exemple, il y des *Shaks* à Baasheihka, à Baazani, à Ain-Sifni et autres lieux ; l'intérieur est vide.

Le voyageur relève encore à Sheikh-Adi deux inscriptions ainsi conçues :

« Ceci est l'épitaphe de Semdeen, le fils du Sheikh Khadarset. *Ziyanet* en l'année 1196. »

« O Shems-Ali-Bey et Faris ! Que ma bonne fortune et celle de votre maison soient en ce monde et dans l'autre ».

Si la date ci-dessus correspond à celle de l'hégire, il n'y a pas un siècle qu'elle a été écrite.

Une inscription gravée à l'entrée du sanctuaire commémore la reconstruction de l'édifice par Hussein-bey, le grand-père de l'Emir qui gouvernait alors et qui portait le même nom ; elle est datée de l'an 1221 de l'hégire, c'est-à-dire de 1843 de notre ère.

L'intérieur du sanctuaire est divisé en trois compartiments principaux : au centre, une large chambre, séparée au milieu par une rangée de colonnes et d'arcades ; dans la partie supérieure, un réservoir entretenu par une source abondante qui jaillit des rochers ; derrière, deux petits appartements dans lesquels se trouvent les tombes du Saint et de quelques personnages d'un rang élevé. L'eau du réservoir est l'objet d'une vénération particulière. On

INTÉRIEUR DU SANCTUAIRE
(d'après Badger, *Nestorians*, 1, p. 107).

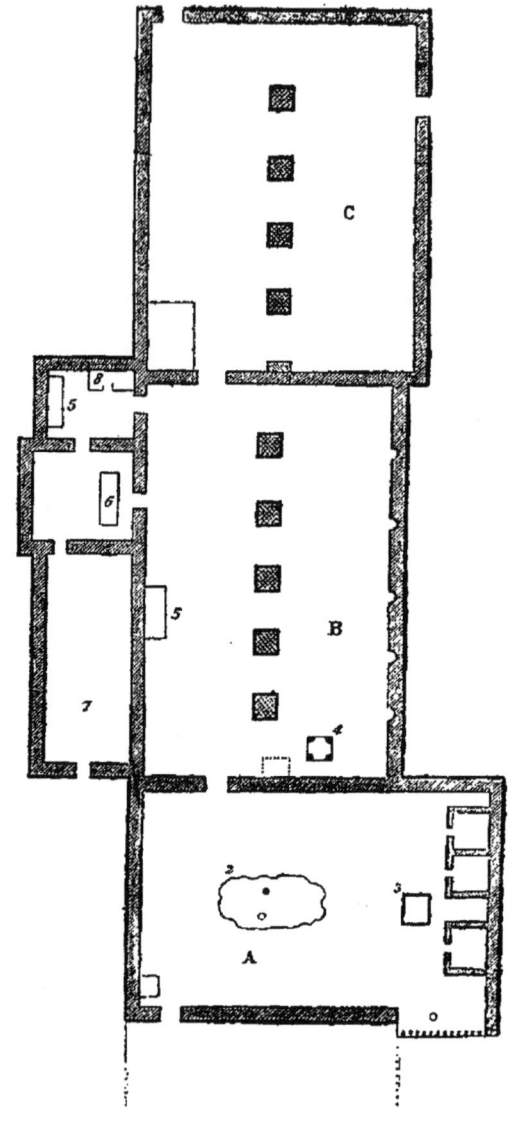

PLAN DU TEMPLE DE SHEIKH-ADI

(d'après Badger, N. I, p. 108).

A. — Cour. — 1. Siège du Nazir. — 2. Réduit pour l'argile sacrée. — 3. Bassin.
B. — Temple principal. — 4. Bassin. — 5. Tombe présumée de Sheikh-Adi.
C. — Chambre vide. — 7. Passage sacré. — 8. Souterrain par lequel on apporte l'argile.

croit qu'elle sort du puits de Zem-zem. C'est là que les enfants sont baptisés, et l'on se sert de cette eau pour les cérémonies saintes.

Un archéologue un peu exercé ne tarde pas à distinguer le caractère de la construction primitive de ce monument et à y découvrir les restes d'un ancien monastère chrétien. On reconnaît immédiatement la disposition du cloître et les vestiges de l'ancienne église qui offre une particularité assez bizarre : le chœur se trouve, en effet, à gauche de la nef orientée de l'Est à l'Ouest. Les chrétiens du voisinage croient que cette église était consacrée primitivement à Mar Addaï, ou Thaddée, un des grands apôtres de l'Orient, ce qui fournirait ainsi une nouvelle explication au nom de Sheikh-Adi. Ce monument est très bas, et cette particularité ne se rencontre pas dans les églises chaldéennes [1].

Il est visible que la construction primitive a été souvent dénaturée, et que ce lieu, ayant été conquis et ravagé par les Musulmans à une époque déjà lointaine, a été enfin repris par les Yézidiz qui l'ont approprié à leur culte.

1. Voir Fletcher, *Notes from Nineveh*, p. 239.

XVI

Les fêtes de Sheikh-Adi

Un jour, Layard, en rentrant à Mossoul après une excursion dans les montagnes du Tiyari, reçut la visite d'un Cawal envoyé par Sheikh-Nazir, le chef spirituel de la secte des Yézidiz, pour le prier, ainsi que le consul anglais, M. Rassam, d'assister à la fête annuelle de Sheikh-Adi. — Le consul ne put se rendre à cette invitation; mais Layard s'empressa d'accepter, bien qu'il ne fut qu'indirectement convié. Cette invitation était toute personnelle au Consul; la cause mérite d'être rapportée ici, car les Yézidiz s'acquittaient d'une dette de reconnaissance qui prouve la délicatesse de leurs sentiments.

Quand Kéritli Oglou, plus connu sous le nom de Mohammed-Pacha, vint prendre possession de son Pachalik de Mossoul, les Yézidiz des environs furent surtout les premiers objets de sa convoitise et de sa tyrannie. Il voulut d'abord s'emparer par trahison de la personne de leur grand-prêtre, Sheikh-Nazir ; mais celui-ci, heureusement prévenu, eut le temps d'échapper au complot tramé contre lui, et la tribu substitua à sa place son lieutenant qui fut emmené prisonnier à Mossoul. Tel est l'attachement des Yézidiz à leur chef que cette fraude ne fut révélée par personne, et que le substitué souffrit avec résignation les tortures et la prison qui lui furent imposées. M. Rassam, ayant été informé du fait, obtint du Pacha l'élargissement du prisonnier moyennant une rançon considérable, dont il fit l'avance, et les habitants du Sheikhan se cotisèrent pour rembourser intégralement le Consul, qu'ils regardèrent dès lors comme leur libérateur. [1]

Layard se rendit donc seul à l'invitation, avec d'autant plus d'intérêt que la fête n'avait pu avoir lieu depuis longtemps, à cause du mauvais état du pays et de la tyrannie des derniers Pachas. Le court règne d'Ismaël-Pacha et les mesures conciliantes du nouveau gouverneur avaient si bien rétabli la confiance parmi les fidèles de toutes sectes, que les Yézidiz avaient résolu de célébrer leur fête cette année-là avec une grande solennité. Les routes étant désormais sûres, les hommes et les femmes du Sindjar, ainsi que ceux des cantons Nord du Kurdistan, pouvaient quitter leurs tentes et leurs pâturages pour se rendre à la tombe du Saint et célébrer la fête traditionnelle. Layard partit de Mossoul, accompagné de Hodja Toma, drogman du vice-consul et du Cawal envoyé

---

1. Voir Layard, *Nineveh and its Remains* I, p. 270.

par Sheikh-Nazir. « Nous fûmes rejoints chemin faisant, dit-il, par plusieurs Yézidiz qui, comme nous, s'étaient mis en route pour assister à la fête. Nous passâmes la nuit dans un petit hameau près de Khorsabad et gagnâmes Baadri de bonne heure, le jour suivant. Ce village, résidence de Sheikh-Nazir, le chef religieux, et de Hussein-bey, le chef politique des Yézidiz, est construit au pied des collines, à cinq milles au nord d'Ain Sifni. Nous traversâmes la plaine, laissant de côté le mont de Ierraiyah à notre droite. »

En approchant du village, Layard rencontra Hussein-Bey, suivi à pied des prêtres et des principaux habitants de Baadri. Hussein-bey avait à cette époque dix-huit ans. C'était un jeune homme d'une taille svelte et élégante ; ses traits étaient réguliers et délicats, ses yeux brillants ; de longues boucles de cheveux noirs s'échappaient de son turban. Un ample manteau d'un tissu précieux était jeté sur son riche costume. Layard mit pied à terre, en s'approchant du Sheikh qui voulut lui embrasser la main ; mais il l'en empêcha. « Nous transigeâmes, dit-il, en nous embrassant mutuellement à la manière du pays. » Le Sheikh prétendit alors conduire par la bride le cheval de son hôte, en l'invitant à remonter, et ce ne fut pas sans peine qu'il consentit à laisser Layard s'acheminer à pied à côté de lui jusqu'au village. Hussein-bey le mena au Salamlik ou chambre de réception, dans laquelle des tapis avaient été étendus suivant l'usage. Au centre de la pièce, coulait un ruisseau d'eau fraîche qui sortait des rochers de la montagne. Le peuple se tenait dans le fond de la chambre, et écoutait respectueusement la conversation.

Le déjeuner fut apporté du harem de Hussein-Bey, et après avoir mangé, Layard resta au Salamlik pour jouir de la fraîcheur du lieu, en attendant les fêtes.

Sheikh-Nazir, de son côté, avait déjà quitté Baadri pour s'occuper des préparatifs de la cérémonie qui devait avoir lieu à Sheikh-Adi. Layard rendit visite à sa femme, et fut touché de l'hospitalité sincère de sa réception et du confort de la maison; d'ailleurs, toutes les habitations sont à la fois propres et bien bâties. Quelques sièges étaient épars dans les jardins remplis de fleurs et arrosés par le courant d'eau habituel amené des sources, qui prennent naissance dans les collines voisines.

En se promenant tout autour des habitations, Layard aperçut des femmes occupées à faire leurs ablutions dans le principal torrent, pour se préparer à la fête du lendemain ; car personne ne peut entrer dans la vallée de Sheikh-Adi sans avoir purifié son corps et ses vêtements. Pour se purifier, les femmes faisaient leurs ablutions dans un état de nudité complet, sans se préoccuper des personnes qui pouvaient les voir [1]. Il importe de noter que les hommes, de l'autre côté de la colline, se livraient aux mêmes ablutions, loin des regards des femmes. Quoiqu'il en soit, cette coutume, à laquelle les femmes s'abandonnent avec la plus sincère naïveté, n'a pas peu contribué à accrédi-

---

1. Voir Layard, *Nineveh and its Remains*. I. p. 280 et 364.

ter le fâcheux renom qu'on prête aux mystères de leur culte. En général, cette pratique a lieu toutes les fois qu'on se prépare à une cérémonie sacrée ; elle est donc assez fréquente, et les Nestoriens n'y font aucune attention ; mais il n'en est pas ainsi des Musulmans, si jaloux de leurs femmes. Aussi Mohammed-Pacha, qui, dans une autre circonstance, fut témoin avec Layard d'une de ces cérémonies, s'écria plein d'indignation que ces femmes étaient sans pudeur, les hommes sans religion et les chevaux sans frein ! Il trouvait que ces mécréants étaient plus sales que les Arabes et valaient moins que les bêtes des champs [1].

Revenons maintenant au pélerinage de Layard. Vers le soir, Hussein-Bey armé et vêtu d'une superbe robe sortit de son harem, pour se rendre à la tombe du Saint. Les notables du village furent bientôt réunis autour de lui, et l'on partit ensemble, formant une longue procession précédée des musiciens, au son du tambour et des flûtes. Des femmes conduisant des ânes chargés de meubles et de tapis suivaient de loin les pélerins.

Hussein-Bey et Layard chevauchaient côte à côte, et, lorsque l'espace le permettait, les cavaliers et les fantassins qui les accompagnaient se livraient à un simulacre de combat, et déchargeaient leurs armes à feu, en poussant le cri de guerre.

Le cortège atteignit bientôt le pied d'un sentier

---

1. Layard, *Ibid.* p. 218.

abrupte qui conduisait au sommet d'une colline. Les cavaliers se rangèrent alors sur une seule file et furent obligés de mettre souvent pied à terre, afin de tenir leurs chevaux par la bride pour franchir les rochers. — Après une heure de marche, on atteignit le sommet du passage, d'où l'on découvre la verdoyante vallée de Sheikh-Adi. Dès que la blanche toiture du sanctuaire apparut au-dessus des arbres, la colonne des pélerins fit une décharge de mousqueterie, à laquelle les fidèles, déjà arrivés dans la vallée, répondirent aussitôt par une décharge semblable répétée par les échos de la montagne. La descente s'effectua à travers un bois de chênes, où l'on rencontra une foule de pélerins qui se rendaient également à la fête.

Les femmes venaient d'accomplir leurs ablutions; assises sous les arbres, elles rajustaient leurs vêtements et chargeaient sur leurs épaules les enfants qui les accompagnaient, tandis que les hommes se mêlaient aux nouveaux groupes de voyageurs qu'ils rencontraient sur le chemin.

A quelque distance de la tombe, le cortège de Layard fut rejoint par Sheikh-Nazir et par un groupe de prêtres et d'hommes armés. Le Sheikh était habillé de blanc, comme les principaux membres du clergé. C'était un homme de quarante ans au plus, qui reçut Layard avec beaucoup de courtoisie et lui souhaita chaleureusement la bienvenue ; il était évident que la présence de l'Européen avait fait une bonne impression sur l'assemblée. Lorsque Layard eut embrassé le Sheikh et échangé les saluts d'usage avec sa suite, on se dirigea vers le sanctuaire. La cour extérieure, ainsi que le chemin qu'on avait à parcourir, était rempli de gens qui s'écartaient respectueusement sur leur passage.

Les Yézidiz pénètrent toujours pieds nus dans la cour intérieure ; Layard se conforma à la coutume et vint s'asseoir avec Sheikh-Nazir et Hussein-Bey sur des tapis préparés pour eux à l'ombre d'une vigne sauvage. Les Sheikhs et les Cawals entrèrent également dans la cour et se rangèrent le long des murs ; les arbres d'alentour jetaient un frais ombrage sur l'assemblée. Layard entama la conversation avec Sheikh-Nazir et les Prêtres, et fut très étonné de les trouver plus communicatifs qu'il ne l'avait espéré. Cependant il attendit à être seul avec le Sheikh, pour qu'il pût répondre plus librement à ses questions.

On resta à peu près jusqu'à midi avec l'assemblée à la porte de la tombe. Sheikh-Nazir se leva alors et se dirigea avec Layard dans la cour intérieure qui était remplie de pélerins affairés. On voyait çà et là, étendues par terre, les provisions des marchands ambulants qui, à cette occasion, se rendent dans la vallée. Des mouchoirs de couleur et des étoffes de coton pendaient aux branches des arbres ; sur les tapis, des figues sèches du Sindjar, des raisins d'Amadiyah, des dattes de Busrah et des noix des montagnes excitaient la convoitise des groupes d'enfants et de jeunes filles, tandis que hommes et femmes, dispersés sous les arbres, se livraient à des conversations bruyantes qui remplissaient toute la vallée.

Le séjour de Layard dans le sanctuaire de Sheikh-Adi se prolongea pendant toute la durée des fêtes ; il en profita pour voir par lui-même les différentes tribus qui s'étaient rendues au pèlerinage. Il étudia particulièrement les gens de Sémil ; mais, pour ne point altérer le récit de ses impressions, nous allons simplement traduire et laisser parler le voyageur.

« Je me mis en rapport, dit-il, avec un groupe de pèlerins du district de Sémil. Mon tapis avait été déroulé sur le toit d'une construction d'une certaine importance ; autour de moi, mais à quelque distance, étaient réunis des groupes de ce même district. Des hommes, des femmes et des enfants étaient assemblés près de leurs chaudières pour préparer le repas du soir ou étaient étendus sur leurs tapis pour se reposer de la longue marche du jour.

« J'avais à côté de moi le chef dont le sombre château couronne le village de Sémil ; c'était un homme d'une mine peu rassurante, habillé de couleurs claires et bien armé. Il me reçut avec de grandes démonstrations de civilité, et je m'assis pendant quelque temps auprès de lui et de ses femmes. L'une d'elles était jolie et avait été choisie dernièrement parmi les *Kochers* ou Nomades ; ses cheveux étaient ornés d'une profusion de fleurs et de pièces d'or. On avait tué un mouton, et tous réunis autour de la carcasse, y compris le chef dont les bras nus jusqu'aux épaules fumaient de sang, en déchiraient les flancs, et en distribuaient des morceaux aux pauvres accourus pour profiter de ces largesses.

« A quelque distance des habitants de Sémil, se trouvaient les femmes et la famille de Sheikh-Nasir, qui avait également tué un mouton. Le Sheikh, retiré dans le sanctuaire, était occupé pendant le jour à recevoir les pèlerins et à accomplir les devoirs qui lui étaient imposés dans cette circonstance. Je visitai son harem ; sa femme apporta des fruits et du miel et me parla longuement de ses devoirs domestiques ».

Au-dessus de l'enceinte des bâtiments assignés aux gens de Sémil, une petite tour blanche émergeait d'un édifice de construction récente, et, comme tous les édifices sacrés des Yézidiz, sa couleur était aussi pure que le permettaient de fréquents blanchissages à la chaux. C'était le sanctuaire de *Sheikh-Shems* ou « du Soleil », construit de manière à recevoir les premiers rayons du jour. Près de la porte une invocation à *Sheikh-Shems* (le Soleil) était gravée sur le mur, et une ou deux tablettes votives, placées par le père de Hussein-Bey et d'autres chefs Yézidiz, étaient encastrées dans le mur. L'intérieur, qui est un lieu sacré, était éclairé par quelques petites lampes. Au coucher du soleil, comme Layard se trouvait près de l'entrée, il vit une troupe d'hommes pénétrer dans l'enceinte et attacher au mur un troupeau de bœufs blancs. Il demanda à un Cawal qui était avec lui à qui ces animaux appartenaient ; on lui répondit qu'ils étaient destinés à Sheikh-Shems (au Soleil), qu'on ne les tuait jamais que dans les grandes fêtes et que leur viande était distribuée aux pauvres. A ce moment, Layard avoue qu'il entendit une si agréable musique qu'il resta inconscient de ce qui se passait autour de lui, jusqu'à ce que l'obscurité s'étendit sur la vallée.

A mesure que le crépuscule faisait place à la nuit, les Fakirs, enveloppés de manteaux bruns d'étoffe grossière serrés sur le corps, le chef ceint de turbans noirs, sortaient de la tombe, portant une lampe d'une main et de l'autre un pot d'huile avec un paquet de mèches de coton. Ils placèrent les lampes dans les niches de la cour et autour des édifices de la vallée, dans les anfractuosités des rochers et jusque dans les creux des troncs d'arbre. Ces lumières brillèrent comme autant d'innombrables étoiles se détachant sur le fond noir des montagnes et dans les sombres profondeurs des forêts. Pendant que les prêtres se frayaient un chemin à travers la foule pour accomplir leur ministère, des hommes et des femmes passaient leurs mains sur la flamme, et après avoir frotté le sourcil droit avec la main purifiée par l'élément sacré, ils la portaient pieusement à leurs lèvres. Certains tenant leurs enfants dans les bras les touchaient de la même manière, pendant que d'autres étendaient les mains pour atteindre ceux qui, plus heureux, avaient réussi à s'approcher de la flamme.

Les lampes sont les offrandes des pèlerins et de ceux que Sheikh-Adi a sauvés d'un malheur ou de la mort. Une somme annuelle est donnée aux gardiens de la tombe pour l'huile des lampes et l'entretien des prêtres qui les allument tous les soirs, tant que durent les provisions. Pendant le jour, les traces de fumée marquent l'endroit où elles sont placées, et Layard a vu des Yézidiz embrasser pieusement les pierres noircies. Un voyageur (Ainsworth) qui avait remarqué ces traces avait pensé qu'on brûlait du bitume ou du naphte pendant la cérémonie ; mais ces deux substances sont considérées comme impures, et l'on ne se sert que de l'huile de sésame ou autres substances végétales.

Environ une heure après le coucher du soleil, les Fakirs, qui sont les serviteurs de la tombe, apparurent avec des plats de riz bouilli, de la viande rôtie et des fruits préparés par le cuisinier du temple. La femme de Sheikh-Nazir envoya aussi quelques mets pendant le repas.

« Comme la nuit avançait, dit Layard, les pèlerins (ils étaient bien alors cinq mille) allumèrent les torches qu'ils avaient apportées avec eux et se répandirent dans la forêt ; l'effet était magique. On distinguait faiblement dans l'ombre des groupes affairés, les hommes allant çà et là, les femmes et les enfants assis au seuil des portes ou pressés autour des petits marchands qui exposaient leurs denrées dans la cour, tandis que mille lumières réfléchies dans les fontaines et les ruisseaux jetaient une faible lueur à travers le feuillage et scintillaient au loin. — Pendant que je contemplais cette scène extraordinaire, le bourdonnement de la foule s'apaisa tout à coup ; un chant solennel et mélancolique s'éleva dans la vallée. Il ressemblait à une antienne majestueuse que j'avais admirée quelques années auparavant dans une cathédrale gothique. Je n'ai jamais entendu une musique si pathétique et si douce en Orient. Les voix des hommes et des femmes étaient mêlées aux modulations des flûtes. A des intervalles réglés, le chant était interrompu par les éclats bruyants des cymbales et des tambourins, auxquels se joignaient ceux des fidèles restés en dehors de l'enceinte.

« Je me hâtai de me rendre dans le sanctuaire, où je trouvai Sheikh-Nazir entouré des prêtres et assis dans la cour intérieure tout illuminée par des torches et des lampes qui projetaient leur douce clarté sur les murs blancs de la tombe et les branches des arbres. Les Sheikhs en turbans et en robes blanches, tous hommes vénérables aux longues barbes grisonnantes, étaient rangés d'un côté; en face, assis sur des pierres, on comptait environ trente Cawals au costume bigarré de blanc et de noir, jouant du tambourin ou de la flûte. Tout autour se tenaient les Fakirs dans leurs sombres vêtements et les femmes de l'ordre dans leurs blancs costumes. Nul autre ne fut admis dans l'enceinte intérieure de la cour.

« Cet air lent et solennel variait par intervalle comme la mélodie, et dura environ une heure. Une partie de ce chant est appelé *Makam Azerat Esau*, ou « la chanson du Seigneur Jésus ». Il était chanté par les Sheikhs, les Cawals, les femmes et, de temps en temps, par les pèlerins restés à l'extérieur. Je ne pouvais malheureusement saisir les paroles ni me les faire répéter par les personnes qui m'entouraient, car on chantait en Arabe ; or, comme peu de Yézidiz parlent cette langue, elles étaient inintelligibles, même pour l'oreille exercée d'Hodja Toma qui m'accompagnait.

« Les tambourins frappés en mesure interrompaient de temps en temps le chant des prêtres, qui s'affaiblit graduellement et se termina par une agréable mélodie, bientôt perdue en sons confus. Puis les tambourins, les flûtes et les voix s'élevèrent à leur plus haut diapason ; les hommes au dehors y joignirent leurs cris, pendant que les femmes faisaient résonner les rochers de leur bruyant *tahlel*. Des musiciens, donnant cours à leur exaltation, lançaient leurs instruments en l'air et tordaient leurs membres, jusqu'à ce que, épuisés, ils tombassent par terre.

« Je n'ai jamais entendu de hurlements plus effrayants que ceux qui s'élevèrent alors dans la vallée. A minuit, le temps et le lieu étaient bien choisis pour la scène étonnante qui se passait autour de moi et que je contemplais avec ravissement. C'était ainsi sans doute qu'on célébrait jadis les rites mystérieux des Corybantes, quand ils se rencontraient en quelque bois sacré.

« Je ne m'étonnai plus que de telles cérémonies eussent donné lieu à des histoires de rites inavouables et de mystères obscènes, qui ont rendu odieux le nom des Yézidiz en Orient. Cependant, malgré l'incroyable excitation qui paraissait prévaloir à cette heure, je n'aperçus aucun geste indécent ou extraordinaire. Quand les musiciens et les chanteurs furent fatigués, le bruit se calma soudain, et les différents groupes se répandirent en silence dans la vallée ou se reposèrent au pied des arbres.

« Bien loin que Sheikh-Adi soit le théâtre d'orgies, toute la vallée est réputée sacrée, et aucun acte de la nature de ceux que les lois des Juifs déclarent impurs n'est permis dans l'enceinte du temple. Les prêtres de la secte pénètrent seuls près de la tombe. Beaucoup de pèlerins tirent respectueusement leurs chaussures lorsqu'ils s'en approchent, et marchent nu-pieds, tant qu'ils restent dans le voisinage...

« Quand la cérémonie fut terminée dans la cour intérieure, je retournai avec Sheikh-Nazir et Hussein-Bey dans l'avenue auprès de la fontaine, autour de laquelle étaient groupés des hommes et des femmes portant des torches, qui reflétaient dans l'eau leurs rouges clartés. Plusieurs Cawals nous accompagnaient, et le chant des flûtes et des tambourins ne cessa qu'à l'aurore.

« Le jour commençait à paraître, et les pèlerins n'avaient pas encore songé au repos. Le silence régna dans la vallée jusqu'au milieu du jour. De nouveaux pèlerins arrivèrent alors à la tombe, et réveillèrent les échos par leurs cris et les décharges des armes à feu. Pendant la soirée, sept cents personnes environ se trouvèrent rassemblées. La fête fut plus nombreuse qu'elle ne l'avait été depuis bien des années, et Sheikh-Nazir se réjouit fort de la prospérité de son peuple. A la nuit, les cérémonies de la soirée précédente recommencèrent. De nouvelles mélodies se firent entendre, et les chants se terminèrent par le *crescendo*, avec l'exaltation que j'ai décrite.

« Pendant trois jours que je restai à Sheikh-Adi, je parcourus la vallée et les montagnes environnantes, visitant les différents groupes de pélerins, causant avec eux de leur avenir et écoutant le récit de leur oppression et de leurs misères. Je reçus de tous le même accueil bienveillant, et je n'ai eu depuis aucun motif d'abandonner la bonne opinion que j'avais déjà formée sur les Yézidiz.

« Il n'y avait ni Mahométans, ni Chrétiens présents, excepté ceux qui étaient de ma suite et une pauvre femme, qui avait vécu longtemps avec la secte et qui avait le privilège d'assister à ces fêtes.

« Sans être gênées par la présence des étrangers, les femmes oubliaient leur timidité naturelle et parcouraient les montagnes, dépouillées de leur voile. Lorsque j'étais assis à l'ombre des arbres, de souriantes jeunes filles m'entouraient, examinaient mon costume, et m'interrogeaient sur ce qui leur paraissait nouveau ou étrange. D'autres plus hardies me montraient les colliers de pierres gravées qu'elles portaient au cou, et me permettaient d'examiner les reliques assyriennes qu'elles avaient recueillies ; pendant que les plus réservées, tout en n'ignorant pas l'impression de leurs charmes, se tenaient à distance et ornaient de fleurs les longues tresses de leurs cheveux.

« Les hommes étaient assemblés autour des fontaines auprès de la tombe. Ils parlaient joyeusement, et aucune discussion ne troublait leur bonne humeur. Le son de la musique et des chansons couvrait de toutes parts l'éclat de leurs voix. Les prêtres et les Sheikhs se mêlaient au peuple et s'asseyaient avec leur famille au pied des arbres.

« Sheikh-Nazir me venant voir souvent, j'eus occasion de m'entrenir avec lui seul des secrets de la secte. D'après sa conversation et d'après les observations que j'ai été à même de faire pendant ma visite à Sheikh-Adi, je n'ai rien noté de particulier. Je dois avouer que je n'ai pu ni satisfaire ma curiosité sur plusieurs points, ni obtenir de renseignements précis de la part de ces personnes naturellement soupçonneuses envers les étrangers et désireuses de ne pas trahir le secret de leur foi ; mais il m'a été donné sur leur origine et leurs croyances des détails qui, je crois, n'avaient jamais été communiqués antérieurement aux voyageurs. »

XVII

Les fêtes de Sheikh-Adi.

(*Suite*)

Quelques années plus tard, Layard eut l'occasion de revenir à Sheikh-Adi. Cette fois, il avait rendu par lui-même de tels services aux Yézidiz qu'ils n'avaient rien à lui refuser et qu'ils auraient pu lui révéler leurs secrets, si toutefois ils en avaient eu [1].

Layard venait de surveiller les fouilles qu'il faisait exécuter à Nimroud et il était à peine établi dans sa maison de Mossoul, lorsque Cawal Yusuf, arrivant de Baadri avec une compagnie de Cawals, l'invita de la part de Hussein-Bey et de Sheikh-Nazir à assister à la fête annuelle de Sheikh-Adi. « L'invitation, dit-il, était trop gracieuse pour être refusée. Je fus accompagné dans cette visite par M. Rassam, le Vice-Consul et son drogman, ainsi que par plusieurs de mes gens. Nous

---

1. Voir Layard, *Nineveh and Babylon*, p. 78 et suiv.

arrivâmes le premier jour à Baadri, et nous fûmes rejoints sur la route par Hussein-Bey et une nombreuse compagnie de cavaliers yézidiz. Sheikh-Nazir s'était déjà rendu au tombeau pour les préparatifs de la cérémonie. Le jeune chef nous garda chez lui, la nuit et la matinée suivante. Une heure après le lever du soleil, nous quittâmes le village pour gagner Sheikh-Adi. A quelque distance de la vallée sacrée, nous fûmes rejoints par Sheikh-Nazir, Pir Sino, les Cawals, les prêtres et les chefs ; ils nous conduisirent au monument.

« Les Yézidiz étaient assemblés en moins grand nombre cette année que lors de ma première visite à la vallée. Les mieux armés des habitants des montagnes du Sindjar s'étaient seuls aventurés à courir les dangers d'une route coupée par les Bédouins. Abde Aga et ses adhérents étaient occupés à défendre leurs villages contre les Arabes maraudeurs qui, repoussés après notre départ de Sémil, rôdaient encore autour du district, déterminés à prendre leur revanche. Les Kochers et les tribus de Dereboun s'étaient tenus à l'écart par la même raison. Les habitants de Kherzan et de Redwan étaient encore sous le coup de la conscription, et les gens de Baashiekhah et de Baazani avaient été tellement opprimés lors de la visite récente du Pacha, qu'ils n'avaient pas le cœur à la fête.

« Son Excellence, qui ne nourrissait pas des sentiments de la plus grande amitié pour Namik Pacha, le nouveau commandant en chef de l'Arabie, de passage à Mossoul, se rendant au quartier général de l'armée à Bagdad, ne voulait pas se rencontrer avec lui ; il se déclara soudainement pris de mal et se retira pour raison de santé à Baashickhah, où l'attendaient des tribulations d'un autre genre.

« Dès le matin de son arrivée, il se plaignit que les ânes, pendant la nuit, ne lui avaient pas laissé de repos ; ce qui fit immédiatement bannir les ânes du village. Le point du jour s'annonça, le lendemain, au grand désappointement de Son Excellence, par le chant des coqs. Les troupes irrégulières, qui formaient sa garde du corps, furent immédiatement conviées à opérer une destruction générale de ces animaux. La troisième nuit, le sommeil de Son Excellence fut troublé par les cris des enfants, qui furent relégués dans des celliers avec leurs mères pour le reste de son séjour. La quatrième nuit, il fut éveillé au point du jour par le chant des moineaux ; on requit tous les fusils du village pour leur faire une guerre d'extermination. Enfin, la cinquième nuit, son sommeil fut malheureusement interrompu par les puces, dont l'enragé Pacha ordonna la destruction immédiate. Le Kiayah, qui avait la mission, en sa qualité de chef du village, de faire exécuter les ordres du gouverneur, tomba alors aux pieds de son Excellence, en s'écriant : « Votre Grandeur a vu que tous les animaux ici louent Dieu, obéissent aux ordres du Sultan, notre maître ; les puces infidèles seules sont rebelles à son autorité. Je suis un homme du dernier rang et de peu de pouvoir, et je ne puis rien contre elles ; c'est au Grand

Vizir et à votre Grandeur de faire exécuter les commandements de notre Seigneur et Maître. » Le Pacha goûta la plaisanterie, pardonna aux puces, mais quitta le village le lendemain....

« J'ai déjà raconté, continue Layard, la fête annuelle de Sheikh-Adi et dépeint l'aspect de la vallée dans cette circonstance. Je me bornerai donc ici au récit des cérémonies intérieures, telles qu'il m'a été permis d'en être témoin.

« Une heure environ après le coucher du soleil, Cawal Yusuf m'appela ainsi que M. Rassam, les seuls étrangers admis dans l'intérieur de la cour et du sanctuaire du temple. Nous fûmes placés dans une chambre, et, de la fenêtre, nous pouvions voir tous ceux qui prenaient place dans le cortège. Les Cawals, les Sheikhs, les Fakirs et les principaux chefs étaient déjà assemblés. Au milieu de la cour brûlait une lampe en fer formée d'un simple plat avec quatre becs pour les mèches, et supportée par une tige de cuivre fichée en terre. Auprès de cette lampe, se tenait un Fakir portant d'une main une torche allumée et de l'autre un grand vase d'huile, qui lui servait à remplir de temps en temps la lampe, en invoquant Sheikh-Adi. Les Cawals appuyés contre le mur, d'un côté de la cour, entonnèrent un chant monotone. Quelques-uns jouaient de la flûte, d'autres du tambourin, et marquaient la mesure avec la voix. Les Sheikhs et les chefs se formèrent alors en procession, marchant deux à deux. Sheikh Jindi était à leur tête ; il portait une haute coiffure de fourrure noire, dont les poils pendaient de tous côtés sur sa figure. Une longue robe rayée de bandes horizontales blanches, rouges et noires tombait sur ses pieds. On ne pourrait imaginer une contenance plus sévère et plus imposante que celle de Sheikh Jindi. Sa barbe noire comme du jais s'étalait sur sa poitrine. Ses yeux sombres et perçants brillaient ainsi que des charbons entre les poils de sa coiffure, comme à travers les barreaux d'un grillage. Son teint était d'un brun foncé ; il avait des dents blanches comme la neige, et sa taille était singulièrement noble et bien formée. Je n'ai rien vu de comparable à Sheikh Jindi. Il s'avançait d'un pas lent et majestueux au scintillement de la lampe, qui laissait voir dans l'ombre sa démarche rigide et solennelle. Il est impossible de concevoir un être plus éminemment fait pour figurer dans une cérémonie consacrée au mauvais esprit. C'était le *Peesh Namaz*, c'est-à-dire « le Chef des prières » de la secte des Yézidiz. Au-dessous de lui, deux vénérables Sheikhs étaient suivis d'Hussein-bey et de Sheikh-Nazir. Leurs longues robes étaient éclatantes de blancheur. Ils défilaient lentement en rond, et s'arrêtaient quelquefois pour chanter des hymnes en l'honneur de la divinité. Les Cawals accompagnaient les chants de leurs flûtes, en frappant de temps en temps leurs tambourins.

« Autour de la lampe allumée et dans le cercle formé par la procession, les Fakirs vêtus de leur costume noir exécutaient un pas solennel réglé sur la musique, en élevant et en abaissant les bras, à la manière des

9.

danseurs de l'Occident, et en prenant des attitudes nobles et élégantes. Aux hymnes en l'honneur de la divinité, succédèrent des chants en l'honneur de Melek-Isa et de Sheikh-Adi ; puis le rythme, guidé par les tambourins affolés, s'accentua. Les Fakirs s'abandonnèrent aux danses les plus vertigineuses, pendant que les femmes faisaient entendre de bruyants *tahlel*. La cérémonie se termina par la même scène étrange d'exaltation que j'ai décrite, lors de ma première visite.

« Quand les prières furent terminées, les fidèles qui s'avançaient en procession embrassèrent le côté droit de la porte conduisant au temple, où un serpent est sculpté sur le mur ; mais ils n'embrassèrent pas son image, qui n'a aucune signification, d'après ce que m'ont dit Sheikh-Nazir et Cawal Yusuf. Hussein-Bey se plaça à la porte de cette entrée et reçut les hommages des Sheikhs et des autres assistants, chacun touchant la main du jeune chef et la portant à ses lèvres ; puis tous les assistants se donnèrent le baiser de paix. La cérémonie étant ainsi terminée, Hussein-Bey et Sheikh-Nazir vinrent à ma rencontre et me permirent d'entrer dans la cour intérieure. Des tapis avaient été préparés pour moi et les deux chefs, à la porte d'entrée du temple. Les Sheikhs, les Cawals et les principaux de la secte s'assirent ou plutôt se couchèrent le long du mur, et, à la lueur de la lampe qui éclairait faiblement l'obscurité du temple, je vis Sheikh Jindi se dépouiller de ses ornements.

« Pendant les prières, des prêtres stationnaient à la

porte au dehors, et personne ne pût entrer, excepté quelques femmes et quelques jeunes filles, épouses et enfants des Sheikhs et des Cawals, qui avaient seules l'accès du temple et qui se joignirent à la cérémonie.

« Il était près de minuit, lorsque l'assemblée se sépara ; nous passâmes alors dans l'autre cour où, à la lueur des torches, les danses continuèrent jusqu'au matin.

« Après le lever du soleil, les Sheikhs et les Cawals firent une courte prière dans la cour du temple, sans aucune des cérémonies de la veille. — Quelques-uns priaient dans le sanctuaire et embrassaient fréquemment le seuil de la porte et les places sacrées dans l'intérieur de l'enceinte. Quand ils eurent fini, ils prirent le manteau vert qui couvrait la tombe de Sheikh-Adi, et, suivis par les Cawals jouant du tambourin et de la flûte, défilèrent en rond dans la cour. Les fidèles, assemblés autour d'eux, portaient respectueusement le bord de la draperie à leurs lèvres et faisaient ensuite une petite offrande d'argent.

« Lorsque la tombe fut couverte de nouveau, les chefs et les prêtres s'assirent dans la cour. Les Fakirs et les Sheikhs, spécialement voués au service du sanctuaire et appelés *Kotcheks*, sortirent alors de la cuisine du temple et apportèrent sur de larges plateaux le *harisa* encore fumant. Ils le déposèrent à terre, et l'assemblée se réunit en groupes joyeux autour des mets ; pendant qu'on mangeait, les Kotcheks restaient debout et conviaient à haute voix les assistants au partage de l'hospitalité de Sheikh-Adi.

« Lorsque les plats vides furent enlevés, on fit une collecte pour l'entretien du temple et de la tombe du Saint. D'après la coutume, toutes les familles qui viennent à la fête annuelle envoient à Sheikh-Nazir quelque mets comme offrande. Elles paient joyeusement ces contributions, pour montrer qu'elles acceptent leur part du festin, et les restes sont emportés par les domestiques du sanctuaire.

« Ces cérémonies nous ayant occupés jusqu'au milieu du jour, nous sortîmes alors du côté de la fontaine pour gagner la vallée ; les hommes et les femmes dansaient devant nous, les enfants montaient dans les arbres et se perchaient sur les branches pour nous voir passer. On distribua à ces derniers du sucre, des dattes, des raisins, dont les hommes prirent bientôt leur part. Des marchands kurdes, qui avaient apporté des raisins de la montagne pour assister à la fête, furent malicieusement désignés comme point de mire des plaisanteries; le signal ne fut pas plus tôt donné que les marchands, leurs ânes, leurs raisins furent entourés d'une légion de jeunes espiègles. Les Kurdes, qui étaient armés, résistèrent d'abord, ignorant les intentions des Yézidiz, et voulaient se révolter contre leurs assaillants ; mais ils reprirent bientôt leur bonne humeur, quand ils apprirent qu'ils seraient largement dédommagés de leurs pertes et de leurs tribulations. — Ce fut ensuite le tour d'un gros *bakkal*, marchand de noix, de raisins et de dattes venu tout exprès de Mossoul.

« On le jeta avec ses provisions dans un grand bassin, où il faillit être noyé par la foule des enfants qui se précipitèrent dans le réservoir, pour s'emparer du contenu de ses paniers. — Le jeune chef se mêlait de tout cœur au divertissement, et s'était dépouillé de sa robe somptueuse pour exciter le peuple à la gaîté. Ce fut une liesse générale dans la vallée, et les Yézidiz garderont longtemps le souvenir de ces jours de joie et de bonheur.

« La nuit, la même cérémonie se répéta dans le temple ; j'eus la faveur de dormir dans une chambre ayant vue sur la cour intérieure et de laquelle j'avais été témoin des scènes de la soirée précédente. Lorsque tout le monde fut retiré, le Mullah yézidi débita d'un ton lent une histoire religieuse, sorte de discours pour rappeler les aventures d'un certain Mirza Mohammed. Il était assis sur les pierres du parvis, devant la lampe, et autour de lui étaient rangés des groupes également assis sur les pierres. Les blancs vêtements des Sheikhs et des Cawals endormis donnaient à cette scène un aspect singulièrement pittoresque et saisissant.

« Les Kaïdis, une des tribus des Yézidiz, représentèrent à la fête annuelle la curieuse cérémonie suivante, qu'on dit être d'une haute antiquité, et à laquelle nous assistâmes, le jour de notre départ de Sheikh-Adi. Les Kaïdis, se joignant à tous ceux qui avaient des armes à feu, se rendirent sur les rochers qui surplombent le temple et placèrent une petite branche de chêne au canon de leurs fusils, qu'ils déchargèrent en l'air. — Après un feu roulant qui dura près d'une demi-heure, ils descendirent dans la cour extérieure, où ils déposèrent leurs armes.

« Quand ils entrèrent dans la cour intérieure, ils exécutèrent alors une danse guerrière devant Hussein-Bey, debout sur les marches du sanctuaire, au milieu des prêtres et des anciens.

« La danse étant terminée, on entraîna hors du temple un taureau offert par le chef des Yézidiz. Un Kaïdi se rua sur l'animal, en poussant des cris de joie ; il s'en empara et le conduisit en triomphe à Sheikh Mirza, un des chefs de la secte, qui lui fit présent d'un certain nombre de moutons.

« Pendant ces cérémonies, l'assemblée composée d'hommes, de femmes et d'enfants était groupée de l'autre côté du ravin, les uns sur les terrains boisés, les autres sur les rochers, pendant que les garçons grimpaient sur les grands arbres pour voir ce qui se passait. Les femmes faisaient entendre un *tahlel* continuel, et toute la vallée retentissait de leurs cris assourdissants. Les ornements blancs flottant le long des arbres et le costume pittoresque de quelques groupes donnaient à la réunion un merveilleux effet ».

Telles sont les fêtes des Yézidiz dont Layard a été témoin en 1846, et que nous avons rapportées d'après lui. Depuis cette époque, rien n'a été changé dans les rites et les pratiques de la Secte. — On a prétendu, il est vrai, que les cérémonies auxquelles Layard avait assisté n'étaient qu'un vain simulacre des cérémonies véritables ; car, dit-on, si Sheikh-Nazir lui avait fait connaître les secrets du sanctuaire, il eut été massacré par les siens. Cette allégation n'a jamais été justifiée. — Depuis cette époque, un Yézidi s'est converti, paraît-il, à la foi catholique, et, quoique à l'abri des vengeances des siens, il n'a rien révélé de nature à faire croire qu'il y a dans les cérémonies des Yézidiz un secret qu'on ne peut faire connaître.

Toutes les sectes malheureuses partagent ces méfiances. Combien Anquetil Duperron n'a-t-il pas eu de peine à se procurer les livres de Zoroastre ? Avec quel mystère les lui a-t-on communiqués ? Or, aujourd'hui, ce sont les Parsis eux-mêmes qui viennent en Europe étudier les secrets de leurs Livres ! — Je n'ajouterai qu'un mot. Les Anglais ont rendu de grands services à cette population malheureuse ; ils ont pris en elle la cause de l'humanité opprimée, et les Yézidiz en ont conservé une reconnaissance ineffaçable. Layard a été pour beaucoup dans leur affranchissement, et il a reçu un témoignage spontané de leur confiance. Il n'y a donc pas à douter de la sincérité des renseignements qui lui ont été donnés.

Lorsque Layard eut passé trois jours au milieu des Yézidiz et assisté à leurs cérémonies de jour et de nuit, il songea enfin à regagner Mossoul, et comme il avait manifesté au chef religieux de la secte le désir de visiter les Yézidiz du Sindjar, Sheikh-Nazir lui remit une lettre écrite par son secrétaire pour le recommander à ses frères.

Ce document émanant d'une secte accusée d'une invincible ignorance, rebelle à toute éducation, incapable de sentiments élevés et mise au dernier rang des hommes, au-dessous même de l'animalité, est assez curieux pour mériter d'être rapporté ici ; il parlera suffisamment par lui-même en faveur des Yézidiz, auxquels il ne suffirait peut-être, pour les civiliser, qu'un peu de bienveillance et de charité...

Cette lettre est ainsi conçue [1] :

« Que la paix règne toujours parmi nos très excellents amis habitants de Bukrah, Esau (Jesus), Osso, Ghurah, et Hassan le Fakir, et tous ceux qui sont dans le village, vieux et jeunes.

« Que la paix soit aussi parmi les habitants de Mirkan, Ali, Khalto, Daoud, le fils d'Afdul et tous les habitants du village, jeunes et vieux.

« Que la paix soit aussi aux habitants d'Osafah, Kolow, Sheikh-Adi, et tous, vieux et jeunes.

« Paix aussi à la tribu de Deenah, à Murad, et aux vieux et aux jeunes.

« Paix aux habitants d'Amrah, à Turkartou et à Kassim-Aga et à tous, vieux et jeunes.

« Paix aussi aux habitants d' As'smookeeyah, et à Ali Keraneeyah, vieux et jeunes.

« Paix aussi à Fukrah Rizo, qui demeure à Koulkah.

---

1. Layard, *Nineveh and its Remains*, 1, p. 308.

« Paix aussi aux habitants de la ville de Sindjar, vieux et jeunes.

« Paix aussi aux habitants des montagnes du Sindjar, vieux et jeunes.

« Que Dieu, le Grand Seigneur, veille sur eux tous. Amen.

« Nous ne vous oublions jamais dans nos prières devant Sheikh-Adi, le plus grand de tous les Sheikhs et de tous les Khasseens. Nos pensées sont toujours avec vous et dans notre esprit, jour et nuit.

« Un ami très aimé doit vous rendre visite, et nous avons envoyé avec lui notre Cawal Murad, afin que vous le traitiez avec bienveillance et honneur : car, comme vous le recevrez, il me recevrait, et, si vous lui faisiez du mal, il m'en ferait également. Puisque vous êtes les enfants de l'obéissance et les dévoués de Sheikh-Adi, le Sheikh de tous les Sheikhs, ne méprisez pas ces commandements, et que Dieu le Seigneur suprême veille toujours sur vous.

« Celui qui intercède pour vous,

« Sheikh-Nazir,

« Aîné ».

XVIII

Origine des Persécutions.

Maintenant que nous connaissons la religion, le culte et les mœurs des Yézidiz, nous pouvons faire la part des malheurs supportés par leur secte, lors des persécutions dont les Infidèles du Kurdistan ont été l'objet.

La discorde est endémique chez les diverses tribus de ces contrées. — Jalousies individuelles, rivalités de familles, intérêts de toutes sortes amènent à chaque instant des conflits, et lorsque les passions sont mises en jeu au milieu de ces populations toujours armées, les disputes se changent en rixes; on en vient aux mains, et le sang ne tarde pas à couler. Ce n'est pas l'histoire de ces tristes démêlés, sans cesse apaisés et sans cesse renouvelés, qui peut et doit nous intéresser ici ; il s'agit de faits différents et d'un ordre supérieur, dans lesquels la politique et la religion mettent aux prises deux fractions d'un même peuple, parmi lesquelles on ne distingue que des oppresseurs et des victimes. C'est au nom de la religion de Mahomet, au nom d'un droit de conquête sanctionné par le succès que les Musulmans poursuivent les Infidèles ; au fond, le plus fort ne cherche qu'à étendre son pouvoir, à agrandir son territoire et à asservir sous la même loi religieuse et politique les sujets d'un même empire. Telle est l'histoire de toutes les conquêtes en Orient ; les haines et les discordes soulevées entre les différentes sectes habitant ces contrées ont toujours pour objet apparent la religion, mais pour but réel la domination effective.

Les persécutions partent de ce principe : la guerre est le moyen et les massacres en sont la conséquence. On ne comprendrait pas les horreurs que nous allons raconter, si nous ne faisions connaître comment les Kurdes ont été excités contre les sectes dissidentes et sont parvenus à décimer les Yézidiz. Nous verrons aussi comment leurs cruautés, longtemps encouragées par le silence de la Porte, sont arrivées à dépasser toute mesure, et ont eu un si douloureux retentissement dans l'Europe Occidentale que les gouvernements étrangers ont amené les Turcs à une intervention nécessaire.

Rappelons tout d'abord, pour expliquer la part si grande que les Yézidiz ont eue dans ces tristes évènements, que les Musulmans semblent faire une distinction entre les populations qui sont les objets de leurs persécutions. Ils prétendent accorder une certaine indulgence à celles qui ont un *Livre*, c'est-à-dire un Code sacré, et sont sans pitié pour celles qui n'en ont pas, ne laissant à ces dernières que le choix entre la conversion ou la mort. Or, c'est en vain que les Yézidiz présentent leur Livre ; personne ne veut le reconnaître ; aussi, abandonnés de tous les représentants des sectes rivales, juives ou chrétiennes, ils restent sans défense vis à vis de leurs persécuteurs.

Pendant longtemps, les gouverneurs des provinces se livrèrent à des persécutions partielles. Ils envoyaient des expéditions sur un point ou sur un autre, pour y exercer de véritables razzias. Tandis que les hommes et les femmes étaient égorgés sans pitié, les enfants des deux sexes étaient enlevés de leurs demeures ; les garçons étaient élevés dans des écoles musulmanes pour s'assurer de leur foi, et les filles étaient vendues comme esclaves. C'est ainsi que les harems de la Turquie ont été souvent remplis de belles Yézidiz arrachées à leur famille et exposées à des atrocités, qui n'ont pas été surpassées par les faits les plus odieux de la traite des noirs.

Ces chasses périodiques, qui se renouvelaient presque tous les ans, formaient une des sources principales du revenu des chefs kurdes. Elles étaient souvent autorisées par le silence des Pachas de Bagdad et de Mossoul, qui envoyaient leurs troupes irrégulières piller les villages des infidèles Yézidiz, comme moyen facile de liquider l'arriéré de leur solde[1].

Tant que les Yézidiz seuls furent les objets des

---

1. Voir Layard, *Nineveh and its Remains*, I. p. 278.

persécutions des Kurdes, les Juifs et les Chrétiens ne s'en émurent pas ; ils se croyaient protégés par la possession de leurs Livres. Ils n'avaient aucun intérêt à prendre parti pour une secte faible, abhorée de toutes les autres et mise hors la loi par les puissants sectateurs de Mahomet. Ils assistèrent même quelquefois avec indifférence aux massacres qu'ils devaient bientôt subir ; le jour où le Pacha de Mossoul fit cause commune avec les Kurdes et poursuivit avec le même acharnement les Juifs, les Nestoriens et les autres sectes chrétiennes, il en fut autrement ; le gouvernement de la Porte comprit le danger. Les Nestoriens forment, en effet, une partie considérable de la population du Kurdistan, et leur soumission aux Kurdes eût donné à ceux-ci une trop grande prépondérance. D'un autre côté, les missionnaires catholiques et protestants qui cherchaient à ramener ces dissidents à l'orthodoxie chrétienne, trouvèrent un puissant appui auprès des gouvernements de l'Occident, dès que les persécutions atteignirent ceux qu'ils prétendaient convertir. Leurs Ambassadeurs se firent à Constantinople les protecteurs des opprimés, et déterminèrent le Sultan à se substituer au despotisme des Kurdes qui avaient joui, jusqu'alors, d'un pouvoir indépendant.

XIX

Mohammed Pacha.

Massacre des Yézidiz du Sindjar.

Pour apprécier les évènements que nous allons raconter, il faut faire connaître les hommes qui y ont pris part et se rendre compte de leur caractère, du but qu'ils voulaient atteindre et du pouvoir légal dont ils disposaient, surtout dont ils abusaient.

Mossoul avait été, depuis un siècle, gouvernée par des Pachas kurdes indépendants, qui se contentaient de payer à la Porte un tribut dont ils se récupéraient, en pressurant le peuple sans pitié ; leur pouvoir était absolu. Il résulta de leurs exigences des révoltes pendant lesquelles plusieurs Pachas furent massacrés. A la suite d'une insurrection de ce genre, le dernier Pacha kurde fut envoyé à Constantinople ; l'anarchie était à son comble. Mossoul était divisée en deux factions ; on élevait des barricades pour séparer les quartiers, et la tranquillité publique était à chaque instant troublée par des scènes sanglantes et des assassinats, qui restaient impunis. Le commerce était anéanti ; les habitants ne pouvaient sortir de la ville, dans la crainte des voleurs du désert qui venaient les dévaliser jusque dans l'enceinte de la cité. C'est au milieu de ce désordre que la Porte envoya Mohammed Pacha pour rétablir la sécurité.

Mohammed Pacha était originaire de Candie, et connu sous le nom de *Keritli Oglou* (le fils de Crète), pour le distinguer de son prédécesseur du même nom, qu'on avait appelé pendant sa vie *Injeh Bairakdar* (le petit porteur de bannière), d'après le rang qu'il avait occupé autrefois dans la cavalerie irrégulière.

Mohammed Pacha « le Crétois » n'avait pas un aspect favorable ; mais cet aspect était en rapport avec son tempérament et sa conduite. La nature avait doublé son hypocrisie de finesse et de ruse. Il n'avait qu'un œil et une oreille ; il était petit et gras, très marqué de petite vérole ; il avait une démarche lourde et une voix brutale. D'un caractère violent et sanguinaire, il ne reculait devant aucun moyen d'assurer son pouvoir et l'exécution de ses volontés. C'était un homme cruel, plein d'audace, fertile en intrigues et en artifices. Sa renommée l'avait précédé au siège de son gouvernement ; tous les partis tremblaient. A son arrivée, plusieurs Agas quittèrent Mossoul ; il leur intima l'ordre de rentrer dans leurs demeures, en les assurant par les serments les plus solennels qu'ils n'avaient rien à craindre pour leurs personnes ou pour leurs biens. Cependant, dès qu'ils furent en son pouvoir, il leur fit trancher la tête, pour apprendre ainsi à ses administrés que, si l'on pouvait douter de sa parole, on ne pouvait douter de sa puissance. La ville était dans la terreur et le désespoir; à peine osait-on s'entretenir à voix basse du gouvernement du tyran. — Mohammed eut alors recours à un stratagème, pour éprouver les dispositions de son peuple à son égard. Un jour, le bruit se répandit soudainement dans la ville que le Pacha venait d'être frappé d'une maladie sérieuse; puis on apprit bientôt qu'on était sans espoir. Le lendemain matin, le Palais fut fermé, et les serviteurs répondirent aux visiteurs qui se présentaient de manière à faire croire à la mort du Pacha Les doutes des Mossouliotes prirent graduellement le caractère de la certitude, et cet évènement fut le signal d'une réjouissance publique. Mais, à midi, son Excellence, qui avait placé des espions dans la ville, apparut sur la place publique dans un parfait état de santé!... La frayeur s'empara aussitôt des habitants, et la vengeance du Pacha ne se fit pas attendre; elle tomba sur ceux dont les propriétés avaient jusque-là échappé à sa rapacité. On les saisit et on les confisqua, sous le prétexte que leurs propriétaires avaient semé de fausses nouvelles de nature à porter atteinte à son autorité.

Mohammed fut l'objet de plusieurs attentats contre sa personne. Des complots étaient continuellement ourdis; mais, grâce à une police puissante dirigée par des agents dont il s'était assuré le dévouement, il était toujours averti à temps et parvenait à y échapper. A force de vigilance et d'énergie, il réussit à comprimer toutes les insurrections intérieures par la terreur qu'il inspirait. Il réorganisa l'armée, en réprimant les déprédations des Kurdes, des Arabes et des Yézidiz qui désolaient les environs de Mossoul, et finit par assurer la sécurité de la province.

Son premier exploit eut pour prétexte les retards que les Yézidiz du Sindjar apportaient au paiement des taxes qu'il avait requises et quelques troubles qui s'étaient produits dans le district. — La répression fut sommaire et terrible : plusieurs centaines de Yézidiz furent massacrés ; beaucoup eurent les oreilles coupées et clouées aux portes de la ville. Dans ces exécutions, on ne fit du reste aucune distinction entre les Infidèles : Chrétiens, Juifs, Yézidiz, c'étaient moutons d'un même troupeau, qui ne valaient que par ce qu'on pouvait en tirer.

Le Pacha avait coutume de donner ainsi ses ordres à ses émissaires collecteurs d'impôts : « Va, détruis, pille ». Ses agents exécutaient fidèlement ses ordres et remplissaient largement son trésor. — Les profits immenses que Mohammed Pacha retirait de ses exactions, ainsi que la vente du monopole des perceptions, servaient à maintenir son prestige vis-à-vis de la Porte. Aussi, malgré les plaintes incessantes qui s'élevaient contre son administration, comme il payait de larges tributs, les plaintes n'arrivaient jamais au Sultan.

Cependant la tranquillité de la province n'était qu'apparente ; les tribus du Sindjar ainsi pressurées n'avaient, à leur tour, d'autres ressources pour vivre que de se ruer sur les caravanes, de dépouiller les voyageurs et d'envahir les plaines cultivées du Pachalick. Les routes n'étaient plus fréquentées et les villages étaient déserts. Le Sindjar s'était fait un renom funeste ; aucun voyageur n'osait pénétrer dans la montagne, et le nom seul des Yézidiz était craint et abhoré.

Mohammed profita de l'occasion de nouveaux désordres pour appeler sur les Yézidiz de nouvelles rigueurs et obliger ses successeurs à ne pas s'écarter d'une ligne de répression sévère, que la sécurité du territoire ottoman semblait exiger. — Les habitants du Sindjar furent ainsi poursuivis, d'abord, par Méhémet Reshid Pacha, et une seconde fois par Hafiz Pacha ; dans ces deux circonstances, il y eut encore des massacres. Les Yézidiz s'étaient réfugiés dans les gorges des montagnes ; poursuivis par les troupes du Pacha qui allumèrent du feu aux ouvertures des cavernes, les malheureux périrent étouffés ou furent détruits par des décharges d'artillerie, lorsqu'ils voulurent sortir. Quand la population fut réduite aux trois quarts, la soumission du district parut assurée. — Les Yéziḍiz condamnés à l'impuissance devaient subir d'autres persécutions ; nous les verrons alors aux prises avec les Kurdes, leurs éternels ennemis.

Lorsque M. Badger vint à Mossoul, Mohammed Pacha y dominait encore ; il eut ainsi l'occasion d'entrer en relation avec lui. Il se présenta donc au Palais pour lui rendre visite et fut très bien accueilli ; il eut même un moment d'illusion. Mohammed lui montra des livres d'astronomie et de mathématique qu'il paraissait consulter ; mais, en réalité, le Pacha ne savait ni lire ni écrire, et c'était avec une adresse incroyable qu'il parvenait à cacher son ignorance.

Cependant cette puissance devait avoir un terme. En décembre 1846, Layard, revenant de ses fouilles, trouva un jour la population dans la joie. Un Tatar avait apporté de Constantinople la nouvelle de la disgrâce de Mohammed qui était remplacé par Ismaël Pacha, jeune Major-Général chargé de l'administration des affaires jusqu'à la nomination de Hafiz Pacha, le véritable successeur de Mohammed. Hafiz ne resta pas longtemps au pouvoir ; il eut de l'avancement et fut remplacé par Tayar Pacha, avec lequel nous aurons plus tard l'occasion de faire plus ample connaissance.

La disgrâce de Mohammed fut complète, et rien ne manqua à sa confusion ; nous avons trop parlé de lui pour négliger ce détail. Quelques jours avant sa chûte, on lui avait annoncé que ses pouvoirs étaient prorogés pour une année, et, suivant l'usage, il s'était empressé de rémunérer les porteurs de cette bonne nouvelle. Mais c'était un leurre pour tirer de lui des largesses qui le ruinèrent ; aussi quitta-t-il le Palais réduit à la dernière des extrémités. Retiré dans une chambre délabrée où la pluie et le vent pénétraient de tous les côtés, il s'écriait : « Telle est la destinée des créatures de Dieu ; hier, tous ces chiens embrassaient mes pieds, et aujourd'hui tout tombe sur moi, même la pluie ! »

Ismaël Pacha ne tarda pas à se concilier la population. Le changement fut aussi prompt que considérable ; quelques actes de tolérance de la part du nouveau gouverneur, une enquête sur certains actes d'injustice commis par le dernier Pacha, la promesse d'une diminution dans les taxes, tout cela suffit pour lui attirer la confiance. Ceux qui avaient fui dans les montagnes rentrèrent dans leurs masures, et les Arabes eux-mêmes vinrent de nouveau planter leurs tentes autour de Mossoul.

Le départ de Mohammed ne mit pas fin aux persécutions des Yézidiz ; nous avons vu à quel prix le Sindjar avait été réduit à la soumission et à l'impuissance. Les Yézidiz avaient contre eux un ennemi plus redoutable encore : Beder Khan Bey, le chef des Kurdes de Rowandooz préparait de nouvelles persécutions et de nouveaux massacres, qui devaient surpasser en cruautés et en horreurs ceux mêmes des Pachas.

XX

Beder Khan Bey. — Nour Allah Bey.

Un chef Kurde.

Beder Khan Bey était le Chef héréditaire et indépendant des Kurdes du Bohtan, pays situé entre le Tigre et le Khabour, et payait à la Porte un tribut de 25,000 piastres. Il appartenait à une famille puissante et jouissait d'une grande influence dans le Kurdistan. Poussé par son ambition, soutenu par son fanatisme religieux, avide de puissance et de lucre, sanguinaire et sans scrupule, il fut tour à tour l'allié ou l'ennemi des Pachas de Mossoul.

Les populations des Yézidiz du Sheikhan abandonnées à elles mêmes, repoussées par toutes les sectes, et surtout par celles des Nestoriens qui auraient dû les protéger, étaient une proie facile indiquée à ses premières conquêtes. Ce fut vers elles qu'il se tourna d'abord ; mais bientôt son ambition et sa fureur ne connurent plus de bornes, et il poursuivit avec le même acharnement les Nestoriens et les Yézidiz.

Il fut longtemps secondé par Nour Allah Bey, le chef du district d'Hakkiari, qui finit par le trahir. Nous ferons connaître ce nouveau personnage, en esquissant, d'après Layard, le portrait de son *Mutesellim* ou Lieutenant-Gouverneur sous ses ordres.

La guerre contre les Nestoriens et les Yézidiz du Tkhoma était imminente ; elle était annoncée et n'était retardée que par les exigences de la célébration du Ramazan. Layard profitait de ce répit pour visiter les districts situés au Nord de Mossoul ; il venait de traverser les villages de Lizan et d'Asheetha, si cruellement ravagés par les Kurdes dans une invasion précédente ; il voulait gagner les régions supérieures, et s'était engagé dans les défilés montagneux du district du Tkhoma. La route étroite, sorte de ravin pierreux, lit d'un torrent desséché, était à peine praticable pour les chèvres ou les ours, lorsqu'il aperçut une troupe de Kurdes qui venait à sa rencontre. Son attention fut aussitôt dirigée sur leur Chef, qu'il eut le temps d'examiner à loisir : c'était le Mutesellim de Nour Allah Bey [1].

Un cheval, petit, maigre, harassé, portait un cavalier à la figure longue et décharnée, dont le costume était chargé d'une profusion d'ornements du plus mauvais goût ; suivant l'usage des Kurdes, il était coiffé d'un énorme turban capable de contenir à la fois le cheval et le cavalier. Sa tête enfoncée entre les deux épaules semblait s'en échapper par miracle et

---

1. Layard, *Nineveh and its Remains*. I. p. 206.

pliait sous le poids de la coiffure. Du centre de cette masse bariolée d'étoffes de différentes couleurs, s'élevait un casque conique de feutre blanc. Ce fardeau donnait à la frêle carcasse qui le supportait une oscillation constante, qui la faisait aller dans toutes les directions. De larges pantalons d'une couleur claire émergeaient des deux côtés du cheval et obstruaient le ravin. Toutes les nuances du rouge et du jaune étaient employées dans cet ajustement. Enfin, sa ceinture était garnie d'un arsenal où se trouvaient réunies des armes de toutes sortes et des formes les plus extraordinaires.

Les yeux de ce personnage, noirs et perçants, brillaient sous l'ombre d'épais sourcils ; son nez aquilin, ses joues creuses, sa longue figure, sa barbe noire et hérissée complétaient sa physionomie. Malgré la férocité de sa contenance et son expression évidente de mauvaise humeur, il était difficile de réprimer un sourire à la vue de cette figure étrange et du désaccord qui existait entre ce grotesque et le misérable animal qu'il montait. Cependant c'était bien le *Mutesellim*, le Lieutenant de Nour Allah Bey, Gouverneur des Kurdes du district d'Hakkiari. Sa réputation de cruauté l'avait rendu aussi célèbre que son maître dans ces contrées [1]. Il était accompagné d'un petit corps de troupe bien armé et équipé comme le chef, chacun suivant son rang.

Layard salua le Mutesellim, en le coudoyant

---

[1]. Rappelons ici que Nour Allah Bey était le meurtrier de Schulz.

dans l'étroit sentier où ils se trouvaient tous les deux. Le Kurde ne jugea pas à propos de s'incliner ; mais, au mouvement de ses lèvres, il était facile de deviner ce qu'il pensait de cette rencontre. Ce n'était pas le moment de lui chercher querelle ; aussi Layard passa outre. Il n'en était pas très éloigné, lorsqu'un des cavaliers de la suite du Kurde revint vers lui et appela trois des siens, qui s'avancèrent vers ce singulier messager.

En se retournant, Layard vit ses gens en grande discussion avec le chef Kurde, qui avait mis pied à terre pour les interroger ; il n'en continua pas moins sa route, sans paraître faire attention à cet incident, tout en se tenant fortement sur ses gardes. Ce ne fut que trois heures après que les hommes de Layard rejoignirent la caravane. L'entretien avait été assez vif, et les malheureux en étaient tout troublés. Le Mutesellim avait déclaré que comme Nour Allah Bey en avait usé avec un espion Infidèle qui était venu pour se renseigner sur les mines et les livrer aux Turcs [1], il en agirait de même avec le voyageur, et qu'il avait envoyé vers le chef d'Hakkiari un émissaire pour lui faire connaître sa présence dans le pays. C'était une menace ; les circonstances étaient graves. Layard ne pouvait pas cependant se laisser intimider ; toutefois il changea adroitement son plan de voyage, et, sans paraître revenir sur ses pas, il tourna par les vallées du district de Baz pour rentrer à Mossoul.

1. Ce prétexte avait été employé pour justifier l'assassinat de l'infortuné Schulz.

On comprendra facilement la prudence de Layard. Lorsque les Kurdes se furent éloignés et la solitude du chemin ne fut plus troublée que par le vol des aigles qui planaient sur les montagnes et le pas léger des biches effarées qui traversaient la vallée.

La mort de Schulz est trop connue pour que nous soyons obligés de la rapporter ici mais nous rappelerons quelques circonstances de son voyage qui nous mettront ainsi à même de connaître les préjugés des populations du Kurdistan. Schulz, parti d'Erzeroum en juin 1837, avait déjà gagné le lac de Van, où il était surtout attiré par les inscriptions gravées sur les rochers qui dominent la vallée. L'un d'eux porte le nom d'*Akkirpi* (le Hérisson blanc); c'est celui sur lequel on a taillé une grande table couverte d'une longue inscription [1]. Cette table a l'aspect d'une porte qui paraît fermer une caverne mystérieuse, dans laquelle personne ne peut pénétrer. C'est, dit-on, l'entrée d'une grande ville habitée par des *Divs,* esprits infernaux qu'on peut conjurer ; mais, pour arriver auprès d'eux, il faut ouvrir la porte, et, pour l'ouvrir, il faut savoir lire les caractères mystérieux qui la couvrent ! — Suivant la version des Chrétiens du pays, il y a un autre moyen : il faut attendre le septième jour après Pâques ou la fête de St-Jean ! Ce jour-là, la porte s'ouvre d'elle-même ; si l'on entend alors chanter un coq, on peut sans

---

1. C'est l'inscription de la planche IV, numéro XVII, publiée dans le *Journal Asiatique* d'avril, mai, juin 1840.

danger en franchir le seuil ; mais, si le coq se tait, tout est perdu. On aurait le sort d'un habitant de Van, assez téméraire pour s'être avancé dans cette demeure des démons sans avoir entendu chanter l'oiseau ensorcelé, et qu'on n'a jamais revu depuis[1].

1. Voir *Journal Asiatique*, *ibid.*, p. 300.

XXI

Intrigues Politiques.

Les persécutions, dont les Nestoriens ont été victimes, se lient si intimement à celles des Yézidiz, que nous sommes obligés d'entrer ici dans quelques détails à ce sujet. Il faut donc revenir sur la part que Mohammed Pacha à prise dans ces évènements ; son influence a été si grande qu'il est indispensable de mettre en relief les motifs qui ont guidé sa conduite envers les Nestoriens et les Yézidiz. — Nous avons vu comment il avait établi son autorité, non seulement à Mossoul, mais encore sur les Arabes du désert et les Yézidiz du Sindjar. Après avoir réduit ces tribus, la soif du pouvoir et l'amour du lucre le poussèrent à désirer une extension du territoire qui lui était alloué par la Porte. Les provinces du Bahdinan et du Bothan, voisines de Mossoul du côté du Nord, furent les premiers points qui tentèrent sa cupidité, et il chercha les moyens de faire annexer ces deux districts à son Pachalik. — Le Bahdinan, borné au Nord par le Tiyari et renfermant les villes de Zakko et d'Amadiyah, relevait à cette époque du Pachalik de Bagdad ; mais il était depuis longtemps gouverné par un chef kurde, dont Ismaël Pacha était le représentant. — En 1832, Beder Khan Bey, le chef kurde de Rowandooz, prit possession de la forteresse d'Amadiyah et la plaça sous le commandement de son frère Sasoul Bey. Les troubles continuels qui s'élevèrent entre les deux chefs rivaux, l'un voulant garder ce qu'il avait pris par droit de conquête, l'autre voulant rentrer en possession de ce qu'il avait perdu, étaient sans fin. La discorde était surtout entretenue par Mohammed Pacha, qui ne perdait jamais une occasion d'informer son gouvernement de l'état d'anarchie dans lequel se trouvaient ces deux provinces. La Porte fut ainsi amenée à annexer le Bahdinan tout entier au Pachalik de Mossoul ; c'est ainsi que l'autorité de Mohammed fut étendue jusqu'aux frontières du pays de Tiyari.

Non content de cette première concession, Mohammed trouva moyen d'amener la Porte à placer encore le Bohtan sous son autorité. Cette province, qui comprend tout le district Ouest du Bahdinan jusqu'à Djézireh et touche du côté du Nord à l'Ouest du Tiyari, était sous la juridiction de Beder Khan Bey ; dans une récente rectification des juridictions, le gouvernement turc, pour régulariser les conditions politiques des Kurdes et des autres tribus des montagnes, avait annexé cette province au Pachalik de Diarbekir. Mohammed Pacha trouva dans cet état de choses un argument pour prouver à la Porte le grand inconvénient qu'il y avait à mettre la même province sous la dépendance de deux Pachaliks ; il finit par persuader le gouvernement qu'il y avait avantage à lui conférer ce pouvoir, et qu'il saurait facilement maintenir l'autorité du Sultan sur les Kurdes. C'est ainsi qu'il détermina le gouvernement à détacher le Bothan du Diarbekir et a en faire une dépendance du Pachalik de Mossoul.

Cette concession se place au commencement de l'année 1841. Mohammed ne tarda pas à profiter de sa haute juridiction sur les deux districts annexés pour augmenter encore son pouvoir. Son premier effort fut tenté contre Beder-Khan Bey lui-même. Mohammed était persuadé que tant qu'il partagerait le pouvoir avec lui, son succès ne serait pas complet. C'est pourquoi il envoya un détachement de soldats à Zakko, sous le prétexte d'escorter un convoi de vêtements militaires jusqu'à Mossoul, mais avec des instructions secrètes d'une toute autre nature. Les soldats exécutèrent ses instructions à la lettre. Ils tuèrent le Gouverneur de Zakko, neveu de Beder Khan Bey ainsi que plusieurs autres membres de la famille, et Zakko fut dès lors placé sous la dépendance d'un Mutesellim envoyé par le Pacha de Mossoul.

Quelque temps après, Mohammed Pacha invita Beder Khan Bey à venir le voir, mais la trahison dont le gouverneur de Zakko avait été victime était trop récente pour que le rusé Kurde pût accepter cette invitation. Ce refus exaspéra le Pacha ; alors il lui envoya une lettre pour lui proposer de recevoir sa visite à Djézireh. Beder Khan Bey comprit le but réel caché sous ces marques d'amitié et s'empressa de se mettre sur ses gardes. Il éleva des fortifications dans ses montagnes, et se prépara à se défendre lui-même contre une attaque imprévue de la part du Pacha.

A ce moment, un détachement de Kurdes s'emparait de quelques troupeaux appartenant aux Nestoriens du Tiyari. Cet acte fut suivi de représailles. Les Nestoriens envahirent le Berwari, et, après avoir pris aux Kurdes plus qu'ils ne leur avaient enlevé, s'enfuirent dans leurs montagnes. — On soupçonne que Mohammed Pacha était l'instigateur de cet événement, pour compromettre les chrétiens du Tiyari. Quoiqu'il en soit, dès qu'il eut appris ces faits, il ordonna à quelques tribus du Bahdinan de venir en aide à celles du Berwari contre les Nestoriens. L'hiver de 1841 suspendit ses projets d'invasion ; c'est alors qu'il écrivit au Pacha d'Erzeroum et lui demanda d'envoyer au printemps des forces de Van, pour attaquer les Nestoriens de l'Est, pendant qu'il tomberait sur ceux de l'Ouest ; mais des évènements d'une autre nature empêchèrent encore Mohammed Pacha de tenter une attaque contre le Tiyari. Mohammed eut alors recours à la ruse. Il réussit à attirer à lui Saïd Bey, neveu de Beder Khan, et, dans un entretien secret, il l'engagea à se joindre à lui pour détrôner son oncle et le mettre à mort. Saïd Bey fut alors dépêché vers Zakko, chargé d'un message amical de la part de Mohammed Pacha pour l'Emir du Bohtan. Mais le Kurde, ayant découvert l'intrigue, envoya un fort détachement contre son neveu et lui infligea un châtiment sévère. Dès que Mohammed Pacha apprit cet évènement, il s'empressa de féliciter Beder Khan d'avoir échappé à cette trahison !

Pendant l'été de 1842, le Dr Grant, le zélé missionnaire américain, voulut construire des maisons d'école et fonder un établissement à Asheetha, village important du district de Berwari sous la dépendance de Nour Allah Bey. Il fallait obtenir son autorisation, qui fut aussitôt accordée. Grant resta dans le district pour surveiller les travaux qui marchaient lentement ; car les Nestoriens voyaient avec défiance la protection que Nour Allah accordait au missionnaire américain, et finirent par refuser de prendre part aux constructions.

Il est certain que l'Emir, en donnant son autorisation, entretenait secrètement l'espérance de transformer ces maisons en forteresses, pour son propre usage.

Pendant que le Dr Grant était dans le Tiyari, Mutran Yoseph, évêque d'Amadiyah accompagné d'un Dominicain, se rendait à Asheetha où il avait une longue conférence avec Mar Shimoun. L'objet de cette conférence était de détacher les Nestoriens des missionnaires américains et de les amener à accepter le catholicisme. M. Boré s'avança beaucoup dans cette circonstance, trop peut-être, en prenant sur lui de promettre aux Nestoriens qu'ils pouvaient compter sur l'appui de la France [1].

Mohammed Pacha ne perdait pas de vue les Nestoriens et continuait ses intrigues, en envoyant à Constantinople de fréquents rapports dans lesquels il les représentait comme une race de voleurs et de rebelles, qui s'élevaient sans cesse contre l'autorité du Sultan. Les constructions de la mission de Grant furent signalées par l'Emir de Berwari comme des édifices considérables, contenant 250 chambres qui pouvaient servir de refuge aux Nestoriens. Mohammed Pacha s'empressa d'en informer la Porte, dans l'espoir qu'on mettrait encore le district sous son autorité et qu'il ferait arrêter les travaux.

Pendant ce temps, Beder Khan accompagné d'Ismaël Pacha, l'ancien gouverneur d'Amadiyah, marchait vers les frontières du Berwari et engageait les Kurdes de ce district à se joindre à lui, pour secouer le joug du gouvernement ottoman. Ils envoyaient également un message à Mar Shimoun pour se joindre à eux, mais le Patriarche nestorien déclina la proposition et en informa Mohammed Pacha. Ce fut pour ce dernier un nouveau sujet de plainte contre les Kurdes et un motif pour engager la Porte à réunir ce district au Pachalik de Mossoul.

Le Pacha d'Erzeroum, qui était officiellement gouverneur des tribus du Hakkiari et du Tiyari, fut sévè-

---

1. Voir Boré, *Correspondance d'Orient.* I p. 401-11, p. 188, 272.

rement blâmé de s'être ainsi mêlé aux intrigues des Kurdes et reçut l'ordre de s'abstenir à l'avenir des affaires des autres Pachaliks.

Revenons maintenant à ce qui se passait dans les montagnes. La maison construite par les Américains fut prise par les envahisseurs et changée en forteresse. Ziner Bey l'occupait avec 400 Kurdes, et, retranché dans cette place forte, il exerçait les plus grandes cruautés dans le Tiyari. Les Nestoriens supportèrent cette tyrannie pendant quelque temps ; mais, aidés par quelques chefs kurdes des tribus à l'Est du Grand Zab, ils attaquèrent la garnison au mois d'octobre, tuèrent une trentaine de soldats et réduisirent la place en six jours. Les Kurdes allaient l'évacuer, lorsqu'un nouvel incident se produisit : une compagnie de deux cents chevaux envoyée par Beder Khan changea la fortune de la journée, et les Nestoriens furent égorgés sans quartier, hommes, femmes et enfants.

De son côté, Mohammed Pacha attaquait Amadiyah avec des forces considérables et mettait aussi les Nestoriens en fuite ; les uns se refugièrent à Mossoul et dans les villages environnants, où ils furent recueillis par la mission américaine.

Cependant de nouvelles instructions étaient envoyées de Constantinople, et Mohammed Pacha était obligé de les suivre ; un mois après, quarante cinq captifs furent remis au Vice-Consul d'Angleterre. Il en restait encore une centaine à Djezireh ; Beder Kan refusait de les livrer, s'ils ne se convertissaient pas à l'Islamisme ; mais Hormuz Rassam insista, il en fit délivrer la plus grande partie et un envoyé de la Porte acheva le reste.

XXII

Massacres dans le Sheikhan et le Tiyari.

C'est au milieu des intrigues de toutes sortes, de conflits politiques, de prétextes religieux, d'ambitions sans bornes, avec la guerre, l'incendie, le pillage et les massacres pour agents ordinaires, que nous allons voir la part qui a été faite aux Yézidiz, pauvre troupeau qui ne compta même pas dans ces guerres à outrance pour son sang versé !

Il faut reprendre de plus loin l'histoire de leur long martyre, pour comprendre jusqu'à quel point ils ont souffert [1].

En 1832, les Yézidiz formaient encore une tribu puissante sous les ordres d'un chef héréditaire indépendant, Ali-Bey, le père de Hussein-Bey dont nous avons vu les rapports avec Layard. Ali-Bey était très aimé de la tribu et assez brave pour l'avoir défendue

---

[1]. Voir Badger, *Nestorians and their Rituals*, I p. 133.
— Layard, *Nineveh and its Remains*. 1 p. 275.

pendant de longues années contre les Kurdes et les Musulmans nomades de la plaine, lorsque Beder Khan Bey de Rowandooz, poussé par la soif du lucre, excita le fanatisme religieux de ses Kurdes et résolut d'attaquer les Yézidiz. — Nous avons fait suffisamment connaître le caractère de Beder Khan Bey pour prévoir les conséquences de la guerre qu'il poursuivait ; du reste, il avait déjà lutté avec avantage contre les Turcs et les Persans pour assurer son indépendance et faire l'essai de ses forces ; de plus, il avait réuni sous sa bannière un grand nombre de tribus kurdes. Les forces d'Ali-Bey se trouvèrent ainsi bien inférieures à celles de son adversaire ; le combat fut acharné. Malgré des prodiges de bravoure, les Yézidiz furent défaits, et Ali-Bey tomba entre les mains du chef de Rowandooz, qui le mit à mort.

Les habitants du Sheikhan, effrayés du désastre, s'enfuirent du côté de Mossoul pour y chercher un asile. C'était au printemps : le Tigre avait débordé, et le pont de bateaux qui réunit les deux rives était rompu. Un petit nombre de Yézidiz parvint à traverser le fleuve à la nage ; mais des vieillards, des femmes et des enfants restèrent sur la rive et se réfugièrent sur la colline de Koyoundjik.

Le Bey de Rowandooz les y poursuivit à la tête de ses Kurdes, et en fit un épouvantable carnage. Douze cents Yézidiz sans défense furent égorgés ! — Le peuple de Mossoul put voir du haut des terrasses le massacre de ces infortunés qui réclamaient en vain du secours ; personne ne répondit à

leur appel[1]. Cependant il y avait à Mossoul des Chrétiens, des Nestoriens, des Juifs. Que faisaient-ils sur leurs terrasses, pendant qu'on égorgeait cette race qu'ils qualifiaient d'odieuse et d'infidèle ?.........
Leur tour n'était pas encore venu.

Le souvenir de ce massacre est resté dans toutes les mémoires, et aujourd'hui encore on trouve à Mossoul des vieillards qui l'ont vu dans leur enfance et qui en racontent les sanglantes péripéties.

Plus tard, deux ans après, le Tiyari fut l'objet de la convoitise du Bey de Rowandooz. Il médita secrètement son projet et tomba inopinément sur Asheetha et Zaweetha, les deux principales localités du district. Layard les visita l'année qui suivit le passage des Kurdes ; tout était en ruine. Les maisons étaient désertes ; il ne trouva rien à manger, à peine un peu d'orge et une petite quantité de *Garas* que les rares habitants trempaient dans du lait, lorsqu'ils pouvaient s'en procurer, leur troupeaux ayant été enlevés par les Kurdes.

Layard était accompagné dans son voyage par Yakoub Rais, un des chefs du district qui avait échappé au massacre, parce qu'il avait été pris un des premiers par Beder Khan Bey et gardé comme otage. Il était donc resté auprès du chef kurde pendant toute la campagne et avait été témoin des scènes sanglantes qui désolèrent le pays. Il raconte ainsi la mort de Melek Ismaël, le chef du Tiyari[2].

1. Voir Layard. *Nineveh and its Remains*. I, p. 272.
2. Voir Layard, *Ibid*. p. 179.

Après avoir accompli des prodiges de valeur et combattu à la tête de ses troupes, en défendant les défilés qui conduisent aux districts supérieurs, Mélek Ismaël, la cuisse fracassée par une balle, avait été emporté par un petit nombre des siens dans une caverne située au fond d'un ravin, où il aurait pu échapper aux recherches de ses ennemis; mais une femme qui connaissait sa retraite tomba entre les mains des Kurdes qui la menacèrent de mort, si elle n'indiquait le refuge du blessé. La malheureuse, pour sauver sa vie, finit par le faire connaitre, et les Kurdes s'y précipitèrent. Mélek Ismaël fut entrainé au bas de la montagne avec une fureur sauvage et amené devant Beder Khan. Comme il avait la cuisse brisée, il tomba par terre, et alors le Kurde de s'écrier : « Est-ce qu'un Infidèle doit s'asseoir devant moi ! » Le sang coulant de la blessure du prisonnier : « Quel est donc ce chien, continua le Kurde, qui ose souiller de son sang un vrai croyant ? »

« O Emir ! répondit Melek Ismaël, que la douleur n'avait pu abattre et qui parvint à se soulever ; — ce bras a fait périr plus de vingt Kurdes, et si Dieu m'avait épargné, j'en aurais fait périr un plus grand nombre encore. » — Beder Khan se leva alors et marcha vers le Zab, en faisant signe à son officier d'emporter devant lui le chef des Yézidiz. Ils suivirent la direction indiquée, et après avoir tranché la tête du prisonnier, ils lancèrent son corps dans le fleuve [1].

---

1. Voir Layard, *Nineveh and its Remains*, I. p. 219.

Toute la famille de Melek Ismaël se distingua pendant l'invasion et montra le même courage ; sa sœur, en combattant à ses côtés, avait tué quatre Kurdes de sa main, avant d'être elle-même mortellement blessée. — L'épisode de la mort de Melek Ismaël est resté vivant dans le pays ; on le raconte encore aux voyageurs, en leur montrant la place où il est tombé.

Les villages de la vallée du Zab avaient tous cruellement souffert, plus peut-être que ceux du Tiyari. Chonba était désert, quand Layard le visita ; les maisons étaient en ruines, les jardins abandonnés. Il ne trouva pas un toit pour y passer la nuit, et finit par étendre ses tapis au pied d'un arbre près d'un clair ruisseau, précisément à l'endroit où Beder Khan avait planté sa tente après le grand massacre, au lieu même où il avait reçu Melek Ismaël vaincu et blessé.

Suivons Layard dans son voyage au milieu de ce pays désolé. Il arriva à Lizan bâtie sur le Zab, au pied d'une montagne escarpée. C'est là qu'eurent lieu les plus terribles incidents du massacre ; un montagnard se fit son guide. Après une heure de route, en gravissant des chemins impraticables, il fit halte à un endroit où le sol était couvert d'ossements blanchis et de lambeaux de vêtements ensanglantés ; à mesure qu'il avançait, ces restes devenaient plus nombreux, et des squelettes entiers étaient encore accrochés aux arbres en si grand nombre qu'on ne pouvait les compter. Auprès d'un rocher escarpé, le sol était toujours couvert d'ossements et de cadavres ; on distinguait çà et là de longues tresses de cheveux et des vêtements déteints. Il y avait des femmes de tout âge, des corps d'enfants à la mamelle, des crânes de vieilles femmes édentées ; on ne pouvait faire un pas sans marcher sur des débris humains.

« Ce n'est rien encore, lui dit son guide ; ici, il n'y a que les restes de ceux qui tombèrent du haut des rochers, en les gravissant pour échapper au glaive des Kurdes ; suivez-moi. » — Le guide conduisit alors Layard auprès d'un précipice, au pied d'un rocher qui s'élevait à quelque distance. Layard le suivait avec peine et ne s'arrêta que lorsqu'il ne pût monter plus haut, tout en s'aidant de ses mains et de ses pieds. Les persécutés du Tiyari avaient cependant grimpé plus haut encore ; c'est là que les fugitifs d'Asheetha s'étaient réfugiés, lorsque la nouvelle du massacre s'était répandue dans la vallée. Ils croyaient trouver un refuge dans ce lieu inaccessible, que les chèvres sauvages peuvent à peine atteindre ! — Vain espoir ! Beder Khan découvrit leur retraite, et voyant l'impossibilité de les suivre, il investit la montagne. Les malheureux poussés par la faim, par la soif, furent obligés de capituler. La première condition qu'on leur imposa fut de rendre les armes !.... — Lorsqu'ils furent ainsi sans défense, les Kurdes commencèrent un indescriptible massacre, jusqu'à ce que, leurs épées émoussées, ils finirent par précipiter dans le Zab les rares survivants échappés au glaive. Près de mille personnes périrent ainsi dans ces rochers, où elles avaient cru trouver un refuge.

On évalue à plus de dix mille le nombre des victimes massacrées par les ordres de Beder Khan dans le Tiyari. — Un grand nombre de femmes et d'enfants furent emmenés prisonniers; mais, grâce à l'intervention du ministre de l'Angleterre, le gouvernement de La Porte ordonna de les remettre en liberté et envoya un commissaire pour présider à leur délivrance [1]. — On jugera toutefois de la désolation du pays, quand on saura que Beder Khan avait enlevé, suivant le compte fait par les Meleks, 24,000 moutons, 300 mules et 10,000 têtes de bétail.

Pendant son expédition dans le Tiyari, Beder Khan avait pris un certain nombre de troupeaux aux peuples du district de Jélu. Il leur avait même imposé une lourde contribution en argent et en denrées; mais il n'avait pu pénétrer dans leurs vallées, dont la neige lui avait fermé l'accès. Sa conscience était troublée par un remords…. Il n'avait pas promené le feu et le fer parmi ces Infidèles! — Il méditait une nouvelle invasion dans le district, lorsqu'il fut arrêté dans ses projets par les troupes du Sultan.

---

1. Voir Badger, *Nestorians and their Rituals*. I p. 277.

XXIII

Massacres dans le Tkhoma.

Soumission des Kurdes.

Le Tkhoma est un district où les Nestoriens sont en majorité ; nous ne pouvons passer sous silence les persécutions dont il fut le théâtre, puisque c'est à cette occasion que le pouvoir de Beder Khan fut brisé et le Kurdistan tout entier délivré de la tyrannie des Kurdes. Les Yézidiz en profitèrent pour leur part ; du reste, nous les verrons combattre à côté des troupes du Sultan. — Le Tkhoma avait échappé au précédent massacre du Tiyari ; on était alors en 1846. Il était l'objet de la convoitise de Beder Khan ; le Bey était même en marche vers Asheetha, et des ordres avaient été donnés pour préparer les approvisionnements de son armée. Les Turcs, dans l'espoir d'étendre leur puissance sur le Kurdistan central, avaient vu jusque-là avec une certaine complaisance les discussions qui divisaient les Kurdes et les

Nestoriens et attendaient peut-être l'occasion d'en profiter.

Au mois d'octobre, les forces réunies de Beder Khan et de Nour Allah allaient donc envahir le district. Lorsque les habitants du Tkhoma furent informés de l'attaque qu'on méditait contre eux, ils implorèrent aussitôt la protection du Pacha de Mossoul ; mais tout ce qu'ils obtinrent fut l'envoi d'un messager auprès de Beder Khan. Le Kurde le traita avec la plus grande indifférence, en lui faisant comprendre que le Pacha n'avait aucun droit de se mêler de ses affaires. — Les Nestoriens eurent alors recours à l'Aga de Teal, pour le prier de se charger de protéger leurs femmes et leurs enfants pendant la guerre qui allait éclater. L'Aga accepta, et les Nestoriennes furent envoyées auprès de lui sous une escorte ; mais un traître ayant informé Ziner Bey du convoi, 300 femmes et autant d'enfants furent passés au fil de l'épée. Deux jeunes filles, laissées pour mortes, échappèrent seules au massacre et purent raconter les détails de cette horrible tragédie.

Les Kurdes attaquèrent alors les Nestoriens ; ceux-ci avaient pris une mauvaise position dans la vallée où ils furent surpris. Ils se défendirent bravement pendant deux heures, et furent obligés de battre en retraite, après avoir perdu un grand nombre des leurs ; les Kurdes firent beaucoup de prisonniers, la plupart des femmes et des enfants, et mirent le feu aux maisons, aux arbres et aux cultures. Ces malheureux furent alors emmenés devant Nour Allah Bey, le lieutenant gouverneur de Djézireh, et comme ils s'asseyaient près d'une de leurs églises, Nour Allah donna à ses soldats cet ordre sanguinaire : « Finissez en avec eux ; le Consul d'Angleterre ne pourra pas les tirer de la tombe ». Quelques jeunes filles d'une grande beauté furent cependant épargnées, mais le reste fut immédiatement mis à mort ; 500 Nestoriens périrent dans cette occasion, le village de Tkhoma fut détruit, l'église rasée ; on brûla les rituels, et les rares survivants passèrent la frontière pour aller chercher en Perse un secours auprès de leurs frères.

Les plaintes réitérées de Mar Shimoun et les efforts du Consul d'Angleterre, de Layard et de l'Ambassadeur d'Angleterre auprès du gouvernement de la Porte décidèrent enfin le Sultan à intervenir. Nazim Effendi fut délégué auprès de Beder Khan pour le sommer de se rendre à Constantinople ; Beder Khan prétendit d'abord qu'il n'avait autorisé l'agression des Kurdes que pour punir les Nestoriens d'avoir saccagé un village musulman. C'était le mensonge qu'il avait déjà employé pour justifier les massacres de 1843 ; finalement il refusa de se rendre dans la capitale.

Pendant ce temps-là, les persécutions continuaient contre les Nestoriens. Beder Khan gagnait du temps, attendait des renforts et devait, ainsi que nous l'avons dit, opérer dans le Sud, tandis que les Kurdes des environs de Van feraient une diversion du côté du Nord. Le vieil évêque Jacobite de Jebel Toor, déjà malade, ainsi que deux prêtres qui l'avaient accompagné à Djézireh pour se plaindre des cruautés des Kurdes dont le canton avait été victime, fut mis en prison ; il y mourut bientôt par suite des mauvais traitements qui lui furent infligés, et son corps fut rendu aux Chrétiens avec ces dures paroles : « Donnez-lui la sépulture d'un chien [1] ».

Les Turcs n'avaient plus de prétexte pour rester spectateurs désintéressés de ces évènements ; Beder Khan avait comblé la mesure. Une expédition fut immédiatement arrêtée contre lui. Des détachements furent envoyés de Kharpout et d'Urfa ; le Pacha de Diarbekir fournit une garnison à Redwan, le Pacha d'Erzeroum prit des précautions analogues, et celui de Mossoul réunit des forces imposantes pour se mettre immédiatement en campagne. Un fort contingent de Yézidiz se joignit aux troupes du Pacha.

On proposa encore une fois à Beder Khan de se rendre à Constantinople. On crut même un moment qu'il allait y consentir ; mais les Kurdes, craignant de justes représailles, déclarèrent qu'ils mourraient plutôt que de laisser partir leur chef.

Les préparatifs des Turcs eurent un certain effet sur quelques Emirs ; l'un d'eux s'en fut à Mossoul, laissant à ses frères le commandement de deux forteresses dans le Bohtan ; plusieurs autres suivirent son exemple. La défection commençait.

Le premier engagement eut lieu près de Djézireh : peu de combattants périrent de part et d'autre dans la journée, mais les Kurdes attaquèrent le camp

---

1. Voir Badger, *Nestorians and their Rituals*, I. p. 372.

pendant la nuit et firent un grand carnage des Turcs : ceux-ci revinrent au jour contre leurs ennemis, les entourèrent et envahirent plusieurs places.

Le combat suivant eut lieu à Tilleh, un peu au-dessous de la jonction de la Sert et du Tigre. Ziner Bey et Khan Mahmoud, à la tête des Kurdes de Van, tombèrent sur la division d'Erzeroum et, furent également repoussés, avec des pertes considérables, par les Turcs, auxquels s'était joint le fort détachement des Yézidiz. La jonction des deux corps d'armée ne put avoir lieu ; Beder Khan fut contraint de se rendre, et Nour Allah, sur la promesse qu'il aurait la vie sauve, se rendit également. Cette défaite mit fin à la guerre par la soumission des tribus Kurdes, qui acceptèrent la souveraineté du Sultan.

Les chefs rebelles furent promenés enchaînés dans les rues de Djézireh, avant d'être envoyés avec Beder Khan à Constantinople, où ils subirent un jugement. Quant à Beder Khan, pour le punir des massacres qu'il avait commis, il fut exilé dans l'île de Crète !... Les autres complices furent internés dans différentes localités de l'Ouest de la Turquie.

C'est ainsi que le pouvoir des Kurdes fut anéanti et le Kurdistan tout entier soumis au pouvoir direct du Sultan. — Le Tiyari et l'Hakkiari furent annexés au Pachalik de Diarbekir ; Bash-Kala, Julamerik, et quelques autres places reçurent des garnisons turques. Des gouverneurs nommés par la Porte furent chargés de l'administration des districts des montagnes..... Enfin, le croirait-on ? plusieurs Kurdes reçurent une nouvelle investiture de la Porte, et parmi eux, Nour Allah, le perfide allié de Beder Khan....

Dès que la tranquillité fut rétablie, Mar Shimoun rentra à Kokhanes, après cinq ans d'absence ; mais les Nestoriens ne reçurent aucune réparation des domages qu'ils avaient éprouvés. Le pouvoir du Patriarche ne fut pas même reconnu officiellement par la Porte ; le vieillard continua l'exercice de son ministère, sans autre compensation que l'amour de sa religion et la soumission de ses fidèles.

Quant aux Yézidiz, ils furent complètement oubliés.

En voyant toutes les horreurs dont ce malheureux pays a été victime, je n'ai pu m'empêcher de faire un retour vers le passé, et je me suis demandé, maintenant que nous connaissons l'histoire des rois d'Assyrie, ce qu'il y a de changé dans ces contrées? Le meurtre, la guerre et les massacres n'y sont-ils pas héréditaires ? Ce n'est pas que les Kurdes soient les descendants des Assyriens ou des Perses, comme ils le soutiennent. Les bas-reliefs sont là pour démentir cette prétendue origine : le profil des Kurdes au nez crochu n'a rien de commun avec les traits sévères des rois d'Assyrie ou de leurs sujets. Cependant l'état des districts du Kurdistan ne diffère guère de celui des provinces assyriennes. Jetons un coup d'œil sur ce que les inscriptions nous ont appris à cet égard.

Les rois d'Assyrie n'ont jamais exercé qu'un pouvoir nominal sur les provinces conquises. Leur souveraineté n'était reconnue que par le paiement d'un tribut auquel chaque ville, chaque canton, essayait toujours de se soustraire : on payait, contraint et forcé. Tant que l'armée du vainqueur était sur les lieux, on se résignait; mais dès qu'elle s'éloignait, on s'affranchissait du tribut, ou, pour emprunter l'expression convenue, on refusait de reconnaître la puissance du Dieu Assur. La religion était alors, comme de nos jours dans ces contrées, le prétexte de la guerre ; le tribut était en réalité la fin. Alors, au nom d'Assur, on entrait en lutte, et, à la moindre résistance, les massacres commençaient ; il n'y a pas une campagne ou un épisode qui ne se termine par cette formule pour ainsi dire stéréotypée dans les inscriptions, lorsqu'une ville a opposé quelque résistance au prince assyrien : *Abbul, aggur, ina isati asrup.* « Je l'ai prise, je l'ai ravagée, je l'ai détruite par les flammes ». Puis on voit que les habitants ont été pris ainsi que leurs biens, qu'ils ont été réduits en esclavage ou passés par les armes, que les chefs, envoyés à Ninive pour expirer dans des tortures, ont été exposés sur des pals ou écorchés vivants, et que leur peau a été étendue sur les remparts ; enfin, aux portes des villes, on élevait des pyramides avec les têtes des vaincus[1].

Les annales et les bas-reliefs nous retracent toutes ces scènes avec des détails dont la distance et la froide exécution sur les marbres atténuent sans doute l'horreur ; mais ne se sont-elles pas renouvelées de nos jours ? Faut-il en douter ? — Je rapprocherai alors du

1. Voir Les Annales des rois d'Assyrie. Dans *W. A. I.* I, Pl. 17, C. I. l. 43-54.

récit des massacres du Tiyari celui d'une campagne d'un roi d'Assyrie. On pourrait, pour ainsi dire, la prendre au hasard ; mais je citerai celle d'Assur-nazir-habal, qui eut lieu précisément dans ces mêmes districts.

« Au début de ma royauté, dit-il, le Dieu Samas, l'arbitre du monde, jeta sur moi son ombre propice. Je me suis assis sur le trône de ma souveraineté. J'ai chargé ma main du sceptre du gouvernement des hommes, j'ai compté mes chars et mes armées, j'ai marché sur le pays de Nummi, j'ai occupé la ville de Libin, une de ses places fortes, et les villes de Suru, Abukum, Arura, Arubie qui sont situées dans les montagnes de Rimi, les pays d'Aruni, d'Etini et leurs places fortes. J'ai tué beaucoup de leurs habitants, j'ai enlevé des captifs, leurs trésors et leurs troupeaux. Leurs guerriers se retirèrent sur des montagnes inaccessibles ; ils se retranchèrent sur leurs sommets pour que je ne puisse les atteindre, car ces pics majestueux s'élèvent comme la pointe d'un glaive, et les oiseaux du ciel dans leur vol peuvent seuls s'y reposer ; ils s'établirent dans ces montagnes comme dans des nids d'aigle. Parmi les rois mes pères, personne n'avait pu pénétrer jusque-là. En trois jours, j'ai gravi la montagne, j'ai porté la terreur au milieu de leurs retraites, j'ai secoué leurs nids, leurs refuges, j'ai fait passer par les armes 200 prisonniers, je me suis emparé d'un riche butin et j'ai pillé leurs troupeaux. Les cadavres jonchaient la montagne comme les feuilles des arbres ; ceux qui m'avaient échappé cherchèrent un refuge dans les rochers ; j'ai marché vers leurs retraites ; j'ai détruit leurs villes ; je les ai livrées aux flammes ».

XXIV

Le Firman.

Nous ne voulons pas laisser le lecteur sous l'impression de ces sanglants détails. Les Yézidiz ont connu quelques moments heureux ou qu'ils ont cru tels, et nous ne pouvons résister au plaisir d'enregistrer les témoignages de reconnaissance prodigués à celui qu'ils regardaient à juste titre comme leur plus fidèle protecteur. Ecoutons les renseignements donnés par Layard [1].

Les massacres terminés, la sanglante oppression des Kurdes avait pris fin ; les Yézidiz vivaient sous le protectorat de la Turquie et rêvaient un avenir de paix. — Un seul point semblait encore obscurcir leurs espérances. Devenus sujets du Sultan, ils avaient perdu leur indépendance, et se trouvaient dès lors soumis au service militaire, dont ils avaient cependant été affranchis jusqu'alors, d'après une loi générale

---

[1]. *Nineveh and Babylon*, p. 3, et suivv.

du Koran qui défend d'employer les Infidèles dans les armées musulmanes.

Les Yézidiz, n'appartenant pas à une secte reconnue comme celle des Druses et des Ansariés du mont Liban, ne pouvaient profiter de cette exception et devaient dès lors servir dans les troupes régulières. Le recrutement avait été poussé avec une grande sévérité et avait donné lieu à beaucoup d'actes de cruauté et d'oppression de la part des autorités locales. — Les Yézidiz, outre la répugnance commune à tous les Orientaux pour le service militaire, avaient des raisons particulières de s'opposer aux ordres du Gouvernement. Ils ne pouvaient devenir *Nizam* « Soldats réguliers » sans violer les rites et les observances de leur religion. — Le bain, qui doit être pris une fois par semaine par les soldats turcs, devient pour eux une souillure, quand il a lieu en commun avec les Musulmans. La couleur bleue particulière à l'uniforme turc leur est absolument interdite ; enfin, ils doivent s'abstenir de plusieurs sortes de mets introduits dans les rations des troupes. — Les officiers chargés du recrutement ne tenaient pas compte de ces prescriptions et accomplissaient leurs ordres avec une sévérité inusitée. — Les Yézidiz, toujours prêts à souffrir pour leur foi, résistaient, et quelques uns moururent dans les tortures qui leur furent infligées. Il y a plus : ils étaient encore exposés aux exactions illégales des gouverneurs locaux ; leurs enfants étaient enlevés comme des objets de commerce, et, malgré l'annonce des réformes, leurs parents, dans certaines provinces, étaient encore en proie aux persécutions, payant quelquefois de leur vie leur attachement à leur religion.

Dans cet état de chose, Hussein-Bey et Sheikh-Nazir, les deux chefs de la communauté, apprenant que Layard était à Constantinople, résolurent d'envoyer une députation au Sultan pour exposer leurs griefs, dans l'espoir que les délégués obtiendraient accès auprès du Ministre d'Etat.

Cawal Yusuf et quelques autres Cawals furent choisis pour cette mission ; l'argent destiné à faire face aux dépenses du voyage fut recueilli par des souscriptions volontaires qui ne firent pas défaut.

Après avoir surmonté les difficultés de la route, la députation arriva à Constantinople et s'empressa de se rendre auprès de Layard, qui la présenta aussitôt à Sir Stratford Canning. L'ambassadeur porta la pétition des Yézidiz à la connaissance du Sultan, et, par son heureuse influence, il obtint un Firman qui leur promettait une entière satisfaction.

Aux termes de ce Firman, les Yézidiz étaient exemptés du service militaire et de tout impôt illégal ; il défendait pareillement la vente de leurs enfants comme esclaves et leur accordait le libre exercice de leur religion, les plaçant sur le même pied que les autres sectes reconnues. Un édit impérial permit même à ceux qui étaient devenus Mahométans par force de reprendre leur ancienne religion [1].

---

1. Voir Badger, *Nestorians and their Rituals*, I. p. 133.

Cawal Yusuf avait donc rempli sa mission au gré de ses mandataires ; il songeait au retour. Layard se rendait lui-même à Mossoul pour continuer ses explorations ; il proposa son escorte à Cawal Yusuf qui accepta avec empressement cette proposition, et ils partirent de Constantinople, le 28 août 1849.

Nous ne raconterons pas les péripéties de la traversée ni les incidents du voyage, jusqu'au moment où ils arrivèrent dans les plaines du Kherzan et atteignirent Hamki, le premier village habité par les Yézidiz qui se trouvait sur leur chemin [1].

Ils avaient tourné le village visible des hauteurs environnantes. Le soleil allait se coucher ; les villageois étaient descendus de leurs terrasses et se disposaient à préparer leur repas ; ayant entendu dire qu'une forte compagnie de cavaliers rôdait autour d'eux, en apercevant les voyageurs, ils les prirent pour une troupe irrégulière, la terreur de l'Orient. Cawal Yusuf voulut alors leur faire une surprise ; il cacha son visage, et, s'avançant vers eux, leur demanda impérieusement des provisions et un gite pour la nuit. — Les pauvres créatures toutes tremblantes se consultèrent, ne sachant s'ils devaient accorder ou refuser cette demande. Cawal Yusuf s'amusa un instant de leurs alarmes, mais tirant bientôt le mouchoir qui cachait son visage : « O méchants que vous êtes, leur dit-il, voulez-vous refuser du pain à vos prêtres et les renvoyer de votre

---

1. Voir Layard, *Nineveh and Babylon*, p. 39 et suivv.

porte ? » — Comme il n'y avait pas de mauvais vouloir de leur part, dès qu'ils eurent reconnu le Cawal, ils s'empressèrent de mettre de côté leurs pelisses et leurs frocs. Les hommes vinrent vers le Cawal, chacun s'empressant autour de lui pour lui baiser les mains. Un enfant courut au village répandre la bonne nouvelle, et bientôt les femmes, les enfants, les vieillards se réunirent pour souhaiter la bienvenue. Peu de mots suffirent pour expliquer d'où les voyageurs venaient et ce qu'ils demandaient; chacun se mit à l'œuvre. Les chevaux furent dételés, les tentes dressées, un mouton fut tué, tout cela en un clin d'œil.

Ce fut une joie universelle. Les pauvres Yézidiz ne pouvaient se rassasier de regarder leur prêtre, car de mauvais bruits, encouragés par les Musulmans, leur avaient fait croire que la députation partie pour Constantinople n'avait pas atteint le but souhaité, que le Cawal Yusuf et ses compagnons avaient été mis à mort par le Sultan et que la pétition avait été non seulement rejetée, mais encore qu'on préparait de nouvelles rigueurs contre les Yézidiz. — Depuis huit mois, on avait été sans nouvelles du Cawal, et ce long silence avait confirmé toutes les craintes; aussi son retour inopiné comblait de joie le village.

Cawal Yusuf fut bientôt assis au milieu d'un cercle des plus anciens, et s'empressa de narrer l'histoire entière des incidents de sa mission avec toute la prolixité et l'emphase orientale, pour en rendre chaque fait plus saisissant. Il n'oublia rien : son arrivée à Constantinople, sa réception par Layard, son introduction près de l'Ambassadeur, son entrevue avec le Grand Vizir et enfin l'obtention du Firman, qui devait changer la condition des Yézidiz ; puis le départ de Constantinople, la forme du bâtiment, le roulis, le mal de mer et le voyage à Khérezoun. Il entra dans les plus petits détails, décrivant chaque personne, donnant leurs noms ; il énuméra même jusqu'au nombre de pipes qu'il avait fumées et de tasses de café qu'il avait bues. A chaque instant, il était interrompu par des marques de reconnaissance, et quand il eut fini, ce fut le tour de Layard d'être l'objet des compliments de bienvenue.

Le jour suivant, Layard fut réveillé par le hennissement des chevaux et le bruit des voix. Les gens de Hamki avaient envoyé pendant la nuit dans les villages voisins annoncer la nouvelle de l'arrivée de la députation, et une troupe nombreuse à cheval et à pied était déjà réunie pour servir d'escorte aux voyageurs. Les Yézidiz avaient revêtu leurs habits de fête, et orné leurs turbans de fleurs et de verdure. A leur tête, on remarquait un chef nommé Akko, renommé pour sa bravoure dans les guerres que les Yézidiz avaient eu à soutenir ; c'était un vieillard encore actif et vert, bien que sa barbe eût blanchi depuis longtemps.

C'est ainsi qu'ils arrivèrent à Guzelder ; le chef du village accompagné des principaux habitants vint inviter Layard à manger chez lui ; les voyageurs s'y rendirent et, sur la route, ils furent rejoints par un détachement de cavaliers et de fantassins qui se précipitèrent autour de Layard pour le complimenter et lui embrasser les mains. Un mouton fut tué chemin faisant, et lorsque les voyageurs entrèrent dans la cour de la maison d'Akko, les femmes firent entendre leur bruyant *tahlel*.

Le chef de famille était devant la porte ; sa femme et sa mère insistèrent auprès de Layard pour le prier de s'y arrêter. Les voyageurs entrèrent donc dans une chambre spacieuse, remarquable par cette extrême propreté qui caractérise les Yézidiz. Des tapis furent étendus, et les vieillards se groupèrent auprès de Layard et de Cawal Yusuf ; puis on vit arriver des villages voisins plusieurs Fakirs dans leur large robe noire et rouge, avec leurs grands turbans noirs. L'un d'eux portait une chaîne au cou, pour montrer qu'il avait renoncé à toutes les vanités du monde et qu'il s'était voué au service de Dieu.

D'autres chefs et des cavaliers entrèrent dans la cour et se joignirent à la fête qui ne commença toutefois que lorsque Cawal Yusuf eut repris son histoire, qu'il raconta encore sans en omettre aucun détail. Après avoir mangé du mouton, du pilau et savouré les meilleurs raisins du canton, Akko fit cadeau à Layard d'un tapis, et l'on songea au départ.

Les cavaliers, les Fakirs et les principaux habitants de Guzelder accompagnèrent les voyageurs qui furent rejoints à quelque distance du village par un autre détachement de Yézidiz et par beaucoup de Jacobites ayant à leur tête un nommé Namo, remarquable par la richesse de son costume et la variété des armes qu'il portait. — Enveloppé d'une robe d'une riche étoffe de l'Inde et d'un manteau de fourrure orné de la décoration arabe, il ressemblait ainsi plutôt à un Bey kurde qu'à un chef de village chrétien. Il était accompagné d'un évêque et de plusieurs prêtres qui se joignirent à l'escorte, pendant que cavaliers et fantassins déchargeaient leurs armes à chaque instant en signe d'allégresse.

Le cortège arriva à Khoshana. La population vêtue de blanc, les hommes portant dans leurs turbans des fleurs et des branches de verdure, était accourue à sa rencontre. Les femmes s'avançaient sur le bord de la route avec des jarres d'eau fraîche et des bols de lait pour les offrir aux voyageurs, tandis que d'autres se tenaient aux portes de leurs maisons, en faisant entendre un bruyant *tahlel*.

Ces ovations se renouvelèrent à chaque village avec les mêmes démonstrations d'allégresse, la même curiosité empressée et un nouveau récit du voyage de Cawal Yusuf, qu'il recommençait toujours avec les mêmes détails. On arriva ainsi à Redwan, le bourg le plus considérable du district, décoré du nom pompeux de *Ville*, parce qu'il y a un bazar. Redwan est situé sur un large cours d'eau qui rejoint à Diarbekir une des branches du Tigre. La ville est en grande partie habitée par des Yézidiz ; aussi la fête fut-elle célébrée avec toute la pompe qu'elle comportait, c'est-à-dire de la musique, des danses et l'inévitable *tahlel*. Chaque famille s'empressa de tuer un mouton ; après le dîner, les danses recommencèrent et se prolongèrent fort avant dans la nuit.

En quittant Redwan, l'escorte de Layard s'augmenta de nouveaux contingents, et Cawal Yusuf envoya des messagers vers Hussein-Bey pour l'avertir de l'arrivée des voyageurs. C'est ainsi qu'on gagna Tilleh, où les eaux de la Bitlis, de la Sert et des cours d'eau des districts supérieurs du Bohtan rejoignent la branche occidentale du Tigre. Ce lieu est resté célèbre par la défaite des troupes de Beder Kan.

A partir de là, la route devient plus déserte ; on ne rencontra aucun village avant Chellek, et encore les habitants avaient-ils quitté les plaines pour les paturages des montagnes. La caravane gagna Funduk, gros village kurde renommé par la terreur que les habitants inspiraient aux Yézidiz, du temps de la puissance de Beder Khan. Ils n'étaient pas dangereux pour le moment, cependant Layard et les siens auraient désiré ne pas s'y arrêter ; mais, contraints d'accepter l'hospitalité de ces farouches amis, ils furent reçus par le vieux chef kurde, courbé sous le poids des anées, avec toutes les marques de politesse dont il était capable.

A partir de Funduk, la caravane suivit à peu près la route tracée par Xénophon, lors de la retraite des *Dix Mille*. En passant par Mansouriya, Déréboun et Sémil, ils furent bientôt rejoints par Hussein-Bey et Sheikh-Nazir, qui s'étaient avancés à leur rencontre jusqu'au-delà de Tel-Eskof pour les protéger au besoin contre les Bédouins du désert.

On peut se figurer aisément les fêtes qui accueillirent Layard et le plaisir qu'il éprouva à se retrouver, après plusieurs années d'absence, au milieu de ses amis et des anciens compagnons de ses travaux, prêts à le seconder dans ses nouvelles recherches.

Quant aux Yézidiz, l'expression de leur reconnaissance n'avait pas de bornes ; ils savaient apprécier la part qu'il avait prise pour obtenir le Firman qui devait compléter leur délivrance !......... Laissons-les goûter ces premiers moments d'espérance et le rêve d'un bonheur, qui ne s'est peut-être jamais réalisé !

XXV

Epilogue.

Révolte dans le Sindjar.

Nous avons vu comment les Yézidiz du Sindjar, poussés par les exactions des Turcs et les persécutions des Kurdes, avaient été conduits à la misère, et ne trouvant à leur tour de ressources que dans le vol et les rapines, étaient devenus la terreur du pays. Ils n'épargnaient aucun Musulman qui tombait en leur pouvoir. Les caravanes étaient pillées et les marchands mis à mort sans merci. Cependant, en général, ils ménageaient les Chrétiens, dont ils connaissaient les souffrances. Ces actes de déprédation avaient amené nécessairement les Pachas de Mossoul à sévir contre les habitants du Sindjar.

Après la chûte de Mohammed, Rechid Pacha et son successeur Hafiz dûrent employer encore des moyens énergiques de répression. Les persécutions engendraient les représailles, et la misère conduisait au meurtre et à la rapine. — Croirait-on que nous sommes en présence de cette population honnête dont nous venons d'esquisser les sentiments, lorsqu'elle a appris de Layard les illusions de sa délivrance ? Les massacres pouvaient seuls rétablir la sécurité du Sindjar. Lorsque la population, réduite des trois quarts, ne fut plus représentée que par des vieillards, des femmes et des enfants, le Gouverneur turc crut la tranquillité assurée dans cette région, parce que les Yézidiz supportaient avec résignation le poids de leurs malheurs.

L'attachement des Yézidiz à leur religion n'est pas moindre que celui des autres sectes persécutées. Les martyrs de toutes les religions ne sont pas toujours de profonds théologiens ; il suffit d'avoir foi au culte qu'on professe, et ce culte, quelsqu'en soient l'origine et les symboles, est toujours digne de respect. Je n'ai cité qu'un exemple d'un Yézidi d'âge mûr et capable de réflexion qui ait renoncé à son culte ; la plupart préfèrent la mort et les tortures à une abjuration forcée. Je ne parle pas des enfants en bas âge enlevés à leurs familles et élevés dans les Harems ; encore ces petits êtres, dès qu'ils comprennent leur position, tout en professant nominalement l'Islam, ont retenu de vagues formules de leur religion, la pratiquent en secret et restent en communication avec les prêtres yézidiz.

La tranquillité était donc au moins apparente dans le Sindjar, lorsque Tayar Pacha, gouverneur de Mossoul, projeta une excursion de ce côté, pour s'assurer par lui-même de l'état de la contrée. Il

n'avait aucune intention hostile ; il voulait seulement
se rendre compte des exactions de ses prédécesseurs.
Il avait même envoyé d'avance un agent pour faire une
enquête dans les villages, et cet agent était revenu
avec une pétition des habitants pour demander une
diminution des taxes et exposer leurs misères.

Les préparatifs du Pacha, après de nombreux délais,
furent enfin terminés vers le trois octobre, et il quitta
sa résidence avec le Cadi, le Mufti, à la tête des principaux habitants. Layard accompagnait le Pacha, et
l'on s'avança tranquillement vers le Sindjar[1]. On avait
déjà passé Tel-Afer sans incidents, lorsqu'on arriva
devant Mirkan, un des principaux villages du Sindjar.
Malheureusement le Pacha, qui avait dans sa suite
un grand nombre de Yézidiz, n'en avait pas de ce
canton. Mirkan avait beaucoup souffert des exactions
des anciens Pachas de Mossoul, et, lors de la visite de
Mohammed Pacha, un grand nombre des siens avait
été mis à mort. Les malheureux habitants s'attendaient au même traitement de la part du nouveau Pacha ; rien ne pût calmer leurs craintes, et ils
déclarèrent qu'ils défendraient énergiquement leur
village, si l'on voulait y pénétrer. — Le Pacha leur
délégua un de ses officiers avec quelques troupes
pour les rassurer. Layard même les accompagnait ; ce
fut en vain. Les envoyés du Pacha furent reçus par une
décharge d'artillerie ; deux cavaliers tombèrent, et
plusieurs des envoyés furent blessés. Le Pacha exas-

---

1. Voir Layard, *Nineveh and its Remains*, I, p. 318 et suivv.

péré par cette attaque gratuite ordonna aux *Hytas* et aux Arabes irréguliers de s'avancer. Ceux-ci avides de pillage se précipitèrent vers le village; mais les Yézidiz l'avaient déjà quitté et s'étaient refugiés dans les défilés des montagnes, leur retraite ordinaire, quand ils sont attaqués.

Le village fut bientôt occupé ; les maisons furent forcées et pillées, les troupes emportant le peu que les Yézidiz y avaient laissé. Quelques vieillards infirmes et des vieilles femmes, qui n'avaient pu fuir et s'étaient retirées dans l'endroit le plus obscur de leurs demeures, furent égorgés sans pitié, et leurs têtes emportées comme des trophées de cette trop facile victoire. Le feu fut mis aux habitations, et le village tout entier devint la proie des flammes. — Le vieux Pacha, avec ses cheveux blancs et sa démarche mal assurée, parcourait les ruines fumantes, aidant lui-même à porter des torches aux endroits que l'incendie avait épargnés.

Les maisons furent ainsi dévorées par les flammes, mais les habitants étaient déjà partis, et il fallait les atteindre. Aussi, quand les troupes irrégulières eurent enlevé tout ce qu'elles pouvaient prendre, elles se ruèrent vers les montagnes, dans l'espoir que les Yézidiz ne pourraient leur résister ; mais elles furent reçues par des décharges bien nourries, qui firent dans leurs rangs un grand ravage. Les cavernes qui servaient de refuge aux Yézidiz sont situées très haut dans la montagne ; aussi, lorsque tout espoir d'atteindre les Infidèles leur échappa, les troupes des irréguliers affaiblies regagnèrent leur campement; le combat avait duré jusqu'à la nuit.

Le soir, les têtes des malheureuses femmes et des vieillards égorgés dans le village furent promenées dans le camp, et ceux qui étaient assez heureux pour avoir un de ces restes sanglants parcouraient les tentes, en demandant des récompenses. Layard en appela au Pacha, auquel on avait voulu faire croire que chaque tête de ces innocentes victimes était celle d'un chef redoutable, et il obtint de faire inhumer et disparaître ces sinistres débris, dont les possesseurs ne voulaient pas se séparer.

Le lendemain, dès l'aurore, le combat recommença; mais les Yézidiz se défendirent avec la même ardeur et la même habileté. — Le premier qui s'avança dans les gorges de la montagne fut un certain Osman Aga, natif de Lazistan. Il s'y présenta résolument à la tête de ses hommes, ayant à ses côtés deux hardis compagnons avec leurs cymbales et des queues de renard sur la tête ; à peine furent-ils entrés dans le défilé que des coups de feu tirés du haut des rochers les atteignirent. Les troupes se précipitèrent alors pour essayer de gagner les grottes, où les Yézidiz s'étaient réfugiés; mais ils furent bientôt pris à revers par leurs invisibles ennemis. Chaque coup de feu parti de la montagne se faisait entendre, sans que les troupes du Pacha pussent découvrir d'où il provenait, autrement que par la fumée qui indiquait le point défendu. Le combat continua ainsi toute la journée sans résultat : les pertes des *Hytas* furent considérables, tandis qu'aucune caverne n'avait été prise et aucun des Yézidiz mis hors de combat.

Le jour suivant, le Pacha ordonna une nouvelle attaque, et, pour encourager ses hommes, il s'avança lui-même à l'entrée de la gorge et fit étendre son tapis sur les rochers. — Layard s'assit auprès de lui, et le Pacha, couché avec la plus grande nonchalance, entama avec Layard une conversation des plus frivoles, bien qu'il fût lui-même le point de mire des Yézidiz. Plusieurs soldats tombèrent autour d'eux, et ils entendirent les balles siffler à leurs oreilles. Le Pacha prit son café comme de coutume, en fumant sa pipe qu'on bourrait de nouveau, dès quelle était finie, paraissant indifférent au danger auquel il était exposé.

Malgré l'exemple du Pacha et les encouragements qu'il prodiguait à ses troupes, tout espoir de déloger les Yézidiz fut perdu comme le jour précédent. Les hommes revenaient du ravin morts ou mourants. On présentait les blessés au Pacha qui leur donnait, avec quelques bonnes paroles, de l'eau et un peu d'argent ; mais tous ses soins pour ranimer le courage de ses troupes devenaient inutiles. Le Cadi du camp rappelait en vain aux mourants qu'ils avaient été blessés en combattant contre les Infidèles et que le Prophète les récompenserait dans le Paradis.

On fit de nouveaux efforts pour amener les Yézidiz à se rendre, et le combat continua jusqu'à la nuit. — Le Pacha disposa alors des détachements de troupes régulières et irrégulières dans tous les défilés, et l'on attendit ainsi le jour. L'attaque devait recommencer dès l'aurore ; aucun symptôme de défense ne parut dans la montagne. Les troupes ne furent plus reçues par un feu nourri, comme celui qu'elles avaient essuyé la veille. Elles s'avancèrent timidement, craignant de tomber dans quelques embuscades, et parvinrent ainsi jusqu'à l'entrée des cavernes ; personne ne s'opposa à leur passage. Lorsqu'elles pénétrèrent dans l'intérieur, tout était vide. — Les Yézidiz, suivant des sentiers connus d'eux seuls, avaient trompé la vigilance des sentinelles turques et avaient disparu.

On ne trouva dans les cavernes que quelques figurines d'hommes et de chèvres grossièrement sculptées sur des bâtons ; les vainqueurs s'en emparèrent et les apportèrent au camp, croyant que c'étaient les idoles de ces Infidèles, adorateurs de Satan !

Le Pacha se contenta de ces dépouilles opimes ; le Cadi fut chargé de les emporter soigneusement et de les envoyer à Constantinople, comme des objets de la plus haute curiosité.

On se livra à d'inutiles recherches pour découvrir la retraite des fugitifs, mais le Pacha ne continua pas son voyage au-delà de Mirkan...

XXVI

Conclusion.

On ne sera pas surpris de l'inefficacité du secours temporaire que la sollicitude des gouvernements de l'Occident avait apporté dans ces contrées, si l'on a bien suivi la marche des événements que nous avons racontés.

La chûte de Beder Khan était sans doute une délivrance ; mais l'indulgence dont il fut l'objet faisait bien prévoir ce qui devait arriver.

Sa défaite doit être attribuée surtout à la défection de son allié ; en présence de l'attitude de la Porte qui avait envoyé enfin des forces contre lui, il est facile de voir que les intrigues politiques précipitèrent sa chûte. Nour Allah avait acquis sur ces contrées une grande influence ; aussi, pour prix de sa défection, se fit-il reconnaître sous le Pacha d'Erzeroum comme Chef des Kurdes indépendants du Hakkiari et devint-il ainsi l'arbitre des populations chrétiennes et des Yézidiz des montagnes.

Si les massacres ont été arrêtés, si le sang n'a plus coulé, la lourde protection des Turcs s'est substituée à la tyrannie des Kurdes sur ces malheureuses populations. Les garnisons des troupes irrégulières que le gouvernement de la Porte envoie dans les principaux villages pour y assurer l'ordre sont la terreur du pays. Partout où le soldat turc pose le pied, il apporte avec lui la défiance et la peur [1].

Sa visite est accompagnée de l'oppression et de la rapine. La vue du bonnet rouge et de l'uniforme des troupes irrégulières est le signal d'une panique générale : les femmes se retirent dans le coin le plus obscur de la tente, pour éviter l'insulte ; les hommes se cachent dans leurs maisons et protestent en vain contre le rapt de leurs propriétés. Dans certaines parties de la Turquie, il y a un recours contre ces scènes de violence ; mais, dans les vallées nestoriennes du Kurdistan, on est trop loin du pouvoir supérieur, et les exactions restent impunies. Des taxes onéreuses sont d'abord exigées ; on les prélève une seconde fois, puis une troisième, jusqu'à ce qu'on ait tiré du pauvre raya tout ce qu'il peut livrer, sans mourir de faim.

S'il en est ainsi pour la grande tribu des Nestoriens, on doit comprendre l'état de misère auquel les Yézidiz sont réduits. Aux yeux des Musulmans, ce sont toujours des chiens qui n'ont ni révélation, ni

---

[1]. Voir Layard, *Nineveh and Babylon*, p. 431.

prophète, et pour eux le meurtre d'un Yézidi est en tout semblable à celui d'une bête fauve [1]. Haïs, exécrés de leurs voisins de toutes les religions et de toutes les races, obligés tantôt de combattre, tantôt de fuir leurs persécuteurs, réduits par la famine et la maladie plus encore que par le glaive, ils ont pourtant réussi à maintenir, de siècle en siècle, leurs pauvres communautés, sans avoir, comme les Juifs, le solide point d'appui que donne aux traditions écrites l'histoire d'un long passé d'indépendance. Ils n'ont que leur foi et le souvenir des luttes de la veille pour s'encourager à soutenir celles du lendemain [2].

Les voyageurs, ainsi que les missionnaires catholiques ou protestants, sont unanimes à les représenter comme moralement supérieurs à leurs voisins, Nestoriens, Grégoriens, Sunnites ou Chiites. Ils sont d'une probité parfaite en temps de paix, d'une prévenance sans bornes à l'égard de l'étranger et toujours bienveillants les uns envers les autres.

Cette population honnête et paisible est donc loin de mériter la réputation qu'on lui a faite. Dévoués à leur culte, les Yézidiz vivent en bonne intelligence avec les adhérents de toutes les religions, au milieu de ces populations fanatiques qui n'ont pour les sectes dissidentes que l'outrage d'abord, la persécution ensuite, et, pour dernier argument, la guerre et le massacre. Une seule secte comprend la charité, comme nous la prêchons dans nos temples, et la

---

1. Voir Fletcher, *Notes from Nineveh*, p. 242.
2. E. Reclus, *Nouvelle Géographie*, T. IX, p. 352.

tolérance, comme nous voudrions la voir pratiquer dans l'univers entier, laissant à Dieu seul le soin de scruter les consciences et d'apprécier comment il convient de l'adorer ; cette secte est celle des Yézidiz. M. Badger qui a étudié ces Infidèles dans les circonstances heureuses et malheureuses qu'ils ont traversées, les regarde cependant comme ni francs ni communicatifs, quand il s'agit de leur religion, manifestant, dit-il, la plus grande indifférence lorsqu'on les entretient de la religion chrétienne [1]. Cela peut être ; mais quelle est donc la secte ou la religion persécutée qui n'a pas eu ses méfiances, ses secrets de conscience intérieure et, au dehors, l'éclat de ses martyrs ? Les Yézidiz parlent sans doute de leur culte avec discrétion ; ils ne cherchent pas à l'imposer. — Ces déshérités, honnis, conspués, se sont chargés, dans leur ignorance proverbiale, de donner un éclatant exemple de leur tolérance et de leur générosité.

Lorsqu'ils ont été délivrés des massacres, qu'ils ont pu entrevoir pour eux et les sectes opprimées un avenir meilleur, ils se sont montrés assez éclairés pour comprendre que chaque peuple est libre d'adorer Dieu à sa manière, et ils ont construit, avec leurs pauvres ressources, une église pour les chrétiens d'Arménie. Il faut donc le reconnaître : ces adorateurs du Diable ont élevé un temple chrétien ! L'Eglise est placée sur le versant d'une colline, au sommet de laquelle se trouve le château de l'ancien chef des

---

1. Voir Badger, *Nestorians and their Rituals*, I, p. 134.
2. Layard, *Nineveh and Babylon*, I. p. 45.

Kurdes de Redwan ; elle a été bâtie par les libéralités de Mirza Aga, le Sheikh des Yézidiz demi-indépendants du district. L'édifice est d'un style très primitif qui mérite d'être signalé. Un côté de l'enclos est occupé par les bâtiments destinés au bétail des prêtres ; au-dessus, se trouve une chambre basse avec un mur nu de trois côtés et une rangée d'arcades du quatrième. Du côté opposé de la cour, il y a un *Iwan* ou large chambre voûtée complètement ouverte à l'air d'un côté ; dans le centre, supportée par quatre colonnes, une niche peinte d'une couleur voyante contient l'image de la Vierge ; quelques misérables portraits de saints grossièrement exécutés sont collés sur les murs. L'Eglise, lorsque la chaleur de l'été empêche de se servir de la chambre fermée, n'est séparée de la cour que par un rideau de coton orné de dessins. On le tire quand des étrangers entrent dans l'édifice. A gauche, un couloir bas conduit dans l'Eglise intérieure, où l'on distingue à peine l'image de la Vierge et des Saints à la lueur de quelques lampes propitiatoires qui luttent contre l'obscurité. Le service a lieu dans l'Iwan ouvert pendant l'après-midi, et les fidèles s'agenouillent dans la cour non couverte. Tout cela ne ressemble guère aux pompes de nos grandes cathédrales ; mais demandons-nous, si, en parcourant nos campagnes, nous ne nous sommes pas agenouillés dans des églises aussi pauvres, et inclinés devant des images aussi grossièrement exécutées ?

Enfin, le croira-t-on ? cette population si misérable

et si ignorante a sa poësie, ses hymnes et ses strophes que le raya chante en se reposant des fatigues de la journée, après avoir labouré cette terre fertile, qu'il arrose de son sang et de ses sueurs, et qui produira une moisson que d'autres viendront lui ravir !

Je citerai, en terminant, un de ces chants qui a été recueilli par E. Reclus et qui résume les misères et les espérances des Yézidiz ! [1]

« Le Chacal ne déterre que les cadavres et respecte la vie ;

« Mais le Pacha ne boit que le sang des jeunes !

« Il sépare l'adolescent de sa fiancée !

« Maudit soit celui qui sépare deux cœurs qui s'aiment !

« Maudit soit le puissant qui ne connaît pas la pitié !

« Le tombeau ne rendra pas les morts, mais l'Ange Suprême entendra notre cri ! »

E. Reclus ne dit pas où il a emprunté ces strophes ; mais Layard a dû les entendre, et c'est peut-être une de celles que Cawal Yusuf lui chantait à Constantinople et dont il a noté la plaintive harmonie. [2]

---

1. Voir E. Reclus, *Nouvelle Géographie*, t. IX p. 352, 353.
2. Voir Layard, *Nineveh and Babylon*, p. 667.

NOTE

Voici quelques détails que nous empruntons à M. Siouffi sur la généalogie du chef temporel des Yézidiz [1].

La famille princière (du chef temporel des Yézidiz) remonte, jusqu'à Sheikh Adi lui-même ; mais comme l'usage de l'écriture est interdit chez les Yézidiz, M. Siouffi n'a pu recueillir ces renseignements que par leur tradition. C'est ainsi qu'un vieillard lui a donné de mémoire cette filiation dans l'ordre suivant :

Mirza Bey, prince actuel, — fils de Hussein Bey, — fils d'Ali Bey, — fils de Hassan Bey, — fils de Tchouli Bey, — fils de Bedagh Bey, — fils de Mirkan Bey, — fils de Suleiman Bey.

En tout huit générations.

Hussein Bey, père et prédécesseur de Mirza Bey, a

---

1. Voir Siouffi, *Notice sur la secte des Yézidiz*, dans le *Journal Asiatique*, août-septembre 1882, p. 266.

rempli les fonctions d'émir pendant 40 ans. Sa mort eût lieu en 1879.

Donnons encore ici quelques renseignements recueillis également par M. Siouffi sur le mystérieux personnage de Sheikh Adi [1].

Extrait de Ibn Khallikân.. Ed. de Boulak.
T. I, p. 448

« Le Sheikh Adi ben Moussafer ben Ismaël ben Moussa ben Marwan ben el-Hassan ben Marwan (tel est le lignage dicté par un de ses parents) el Hakkari (ou habitant de Hakkariya), le serviteur de (Dieu), bon et célèbre, dont la secte Adouiya a tiré son nom.

« Sa renommée s'est répandue dans le monde et beaucoup de gens ont suivi sa doctrine. La confiance illimitée qu'il leur a inspirée a été poussée si loin, qu'ils l'ont pris pour la *Kibla* vers laquelle ils dirigent leurs prières, et en ont fait l'objet de leurs espérances dans la vie future.

« Après avoir fréquenté un grand nombre de Sheikhs et de personnages célèbres par leurs vertus, il se retira dans les montagnes de Hakkariya, dépendant de Mossoul, où il se fit construire une cellule. Les habitants de toutes les contrées (voisines) lui témoignèrent leur respectueuse sympathie, avec un enthousiasme inconnu dans l'histoire des ascètes.

« Sa naissance eut lieu dans un village dépendant de Ba'albek, appelé Béit-Fâr, et la maison où il est né est visitée jusqu'à présent (comme un lieu saint).

1. Voir Siouffi, *Ibid.*, 2 janvier 1885, p. 78.

« Il est mort l'an 557 (555 suivant d'autres) dans le pays qu'il habitait à Hakkariya, et il a été enterré dans sa cellule. Sa tombe est, pour les habitants, un des principaux lieux de dévotion, qu'ils visitent avec assiduité. Ses descendants occupent jusqu'à nos jours l'endroit qu'il a habité, et où ils se font reconnaître pour être les siens, en imitant ses actions. Les gens (les voisins appartenant à d'autres croyances) ont conservé pour lui, ainsi que ses partisans eux-mêmes, la même confiance et le même respect qu'ils lui avaient voués de son vivant.

« En parlant du Sheikh Adi dans l'histoire d'Erbil, Abou'l-Barakat ben el-Moustaoufi, l'a compté au nombre des personnages qui ont visité cette ville. — Mouzaffar ed-din, seigneur d'Erbil, disait : « J'ai vu, étant enfant, le Sheikh Adi ben Moussafer ; c'était un vieillard brun, de taille moyenne et dont on disait beaucoup de bien ».

Le Sheikh Adi a vécu quatre-vingt-dix ans [1].

1. Voir aussi la traduction de M. de Slane, dans le *Biographical Dictionary*. T. II, p. 197.

ILLUSTRATIONS

		Pages.
I.	— Une Vallée dans le Kurdistan.................	21
II.	— Un Chef Kurde............................	29
III.	— Hussein-Bey et son frère.....................	55
IV.	— Sheikh-Nazir..............................	59
V.	— Femmes Yézidiz...........................	67
VI.	— Melek-Taous..............................	99
VII.	— Vallée de Sheikh-Adi.......................	121
VIII.	— Entrée du Sanctuaire.......................	125
IX.	— Intérieur du Sanctuaire.....................	129
X.	— Plan du Sanctuaire.........................	131

TABLE

		Pages.
I.	— Introduction	1
II.	— Sources bibliographiques	6
III.	— Le Kurdistan	15
IV.	— Kurdes. — Musulmans. — Arméniens. — Nestoriens	27
V.	— Les Missions chrétiennes	41
VI.	— Les Yézidiz. — Leur origine	47
VII.	— Les Yézidiz. — Leur constitution politique et religieuse. — Hussein-bey et Sheikh-Nazir	54
VIII.	— Mœurs des Yézidiz	65
IX.	— Naissance. — Mariage. — Mort	70
X.	— Croyances religieuses	80
XI.	— Sheikh-Adi	90
XII.	— Melek-Taous	95
XIII.	— Le Livre	104
XIV.	— Quelques Pratiques particulières	115
XV.	— Vallée de Sheikh-Adi	120
XVI.	— Les Fêtes de Sheikh-Adi	133
XVII.	— Les Fêtes de Sheikh-Adi (suite)	149
XVIII.	— Origine des Persécutions	162
XIX.	— Mohammed Pacha. — Massacres dans le Sindjar	166
XX.	— Beder Khan Bey. — Nour Allah Bey. — Un Chef kurde	173
XXI.	— Intrigues Politiques	179

		Pages.
XXII.	— Massacres dans le Sheikhan et le Tiyari.......	187
XXIII.	— Massacres dans le Tkhoma. — Soumission des Kurdes	194
XXIV.	— Le Firman.................................	203
XXV.	— Epilogue — Révolte dans le Sindjar...........	213
XXVI.	— Conclusion.................................	220
	— Note.......................................	226

Baugé (Maine-et-Loire), Imprimerie Daloux.

ERNEST LEROUX, ÉDITEUR
28, rue Bonaparte, 28

PUBLICATIONS DU MUSÉE GUIMET
BIBLIOTHÈQUE DE VULGARISATION

I

Les Moines égyptiens. — Vie de Schnoudi, par E. AMELINEAU. In-18... 3 fr. 50

II

Histoire des Religions de l'Inde, par L. DE MILLOUÉ. In-18, illustré..................................... 3 fr. 50

III

Les Hétéens. Histoire d'un empire oublié par H. SAYU. Traduit de l'anglais avec autorisation de l'auteur. — Préface et appendices par J. MENANT, membre de l'Institut. In-18, illustré.. 3 fr. 50

IV

Les symboles, les emblèmes et les accessoires du culte chez les Annamites, pas G. DUMOUTIER. In-18, illustré. 3 fr. 50

V

Les Yézidiz. Épisodes de l'histoire des adorateurs du Diable, par J. MENANT, membre de l'Institut. In-18, illustré. 3 fr. 50

BIBLIOTHÈQUE D'ÉTUDES
(Série in-8º)

I

Le Rig-Véda et les origines de la mythologie indo-européenne, par PAUL REGNAUD. Première partie. Un volume in-8. 15 fr. »

II

Le même ouvrage. — Seconde partie *(sous presse).* Un vol. in-8. 12 fr. »

III

Les lois de Manou, traduites par STREHLY. Un volume in-8, *(sous presse)* .... 15 fr. »

BAUGÉ (MAINE-ET-LOIRE). — IMPRIMERIE DALOUX.

www.ingramcontent.com/pod-product-compliance
Lightning Source LLC
Chambersburg PA
CBHW060120170426
43198CB00010B/973